CARTAS EXTRAORDINÁRIAS:

MÃES

Organização
SHAUN USHER

CARTAS EXTRAORDINÁRIAS: MÃES

Tradução Mariana Delfini

1ª reimpressão

COMPANHIA DAS LETRAS

Publicado mediante acordo com a Canongate Books Ltd.,
14 High Street, Edimburgo EH1 1TE.

Grafia atualizada segundo o Acordo Ortográfico da Língua Portuguesa de 1990, que entrou em vigor no Brasil em 2009.

Título original: Letters of Note: Mothers
Capa: Letícia Naves – Estúdio Bogotá
Ilustração de capa: Rafael Nobre
Projeto Gráfico: Estúdio Bogotá
Preparação: Adriane Piscitelli
Revisão: Angela das Neves e Clara Diament

Dados Internacionais de Catalogação na Publicação (CIP)
(Câmara Brasileira do Livro, SP, Brasil)

Cartas extraordinárias: mães / organização Shaun Usher ; tradução Mariana Delfini. – 1ª ed. – São Paulo:
Companhia das Letras, 2020.
Título original: Letters of Note: Mothers.
ISBN 978-85-359-3334-5
1. Cartas 2. Mães – Correspondência I. Usher, Shaun.

20-33655 CDD-808.86

Índice para catálogo sistemático:

1. Cartas : Coletâneas : Literatura 808.86
Cibele Maria Dias - Bibliotecária - CRB-8/9427

[2021]

EDITORA SCHWARCZ S.A.
Rua Bandeira Paulista, 702, cj. 32
04532-002 — São Paulo — SP
Telefone: (11) 3707-3500
www.companhiadasletras.com.br
www.blogdacompanhia.com.br
facebook.com/companhiadasletras
instagram.com/companhiadasletras
twitter.com/cialetras

Para todas as mães, sobretudo para a minha

SUMÁRIO

Uma carta é uma bomba-relógio, uma mensagem numa garrafa, um feitiço, um grito de ajuda, uma história, uma manifestação de preocupação, uma colherada de amor, uma maneira de se conectar com as pessoas através das palavras. Essa forma de arte simples e brilhantemente democrática continua sendo um poderoso canal de comunicação e, independentemente da revolução tecnológica em que nos encontramos, a carta vive e, tal como a literatura, sempre viverá.

INTRODUÇÃO

Pode-se dizer que a primeira forma de nos correspondermos com a nossa mãe foi através do conforto do útero: as nossas primeiras cartas eram entregues instantaneamente na forma de soluços, chutes, cotoveladas, empurrões e cabeçadas — avisos apropriados, que dávamos aos solavancos, de que *pelo menos* duas vidas logo mudariam de um jeito incalculável e para sempre. Em alguns casos, essa comunicação estabeleceu o tom de todo o restante da relação entre mãe e filho e marca o início de uma luta para coexistir que duraria a vida toda; em outros, essa pode ter sido a última comunicação que tiveram. No entanto, para a maioria, esse turbilhão de mensagens urgentes assinala o começo de uma conexão que vai perdurar por toda a vida dos envolvidos e, de certa forma, até além disso.

Cartas extraordinárias: Mães é a celebração de um dos mais fundamentais e complicados laços humanos por meio da correspondência antiquada: um conjunto de trinta cartas escritas por, para ou sobre mães, que podem alegrar, irritar, confortar ou entristecer você, a depender da sua situação atual, do dia da semana, do jeito como sua filha te olhou, do tom da última mensagem da sua mãe ou do modo completamente despropositado com que seu filho esvaziou a máquina de lavar louça antes de se enfiar no quarto, que, aliás, está uma zona desde julho, e eu já te contei da última tatuagem que ele inventou de fazer?

A carta mais antiga deste livro foi escrita no século IV por uma menina egípcia em luto pela morte de sua mãe; a mais recente foi enviada em 2019 por uma brasileira que escreveu uma mensagem póstuma a sua mãe, cuja morte causou comoção nacional. No período entre elas, você vai encontrar uma carta de uma mãe decepcionada, enviada para o filho adolescente com baixo desempenho escolar que depois conduziu seu país à vitória na Segunda Guerra Mundial; uma troca inflamada de cartas entre uma grande atriz de Hollywood e sua filha, por algum motivo publicadas na autobiografia das duas, para que todos pudessem ler; uma carta de partir o coração, e muito bonita, de uma mulher à beira da morte para suas filhas jovens, em que ela explica sua situação trágica; uma carta de despedida de um piloto camicase de 23 anos para sua mãe, escrita alguns dias antes de sua missão final; e muito mais.

Nas pesquisas para este livro, duas coisas que valem ser mencionadas logo se tornaram evidentes. A primeira é que a maior parte da correspondência de mães para filhos foi escrita quando eles ainda eram muito pequenos ou ainda estavam no útero — cartas cheias de luz e esperança, em que essas pessoas inexperientes e imaculadas são recebidas no mundo com conselhos bastante necessários. Mas o que também percebi é que muitas das cartas no sentido contrário, de filhos para mães, são escritas na outra ponta do ciclo da vida, quando os pais estão se aproximando do *fim* da vida ou faleceram recentemente — cartas de despedida, com frequência arrematadas pelo arrependimento de não ter havido comunicação suficiente quando isso teria sido importante.

Em resumo — e já me desculpo por soar como uma mãe —, escrevamos mais cartas para as nossas mães nesse longo período *entre* o nascimento e a morte, quando a vida está de fato acontecendo. Sua mãe vai adorar, assim como a geração seguinte que herdar essas cartas saborosas.

Agora preciso ir. Tenho uma carta para escrever.

Shaun Usher
2020

AS CARTAS

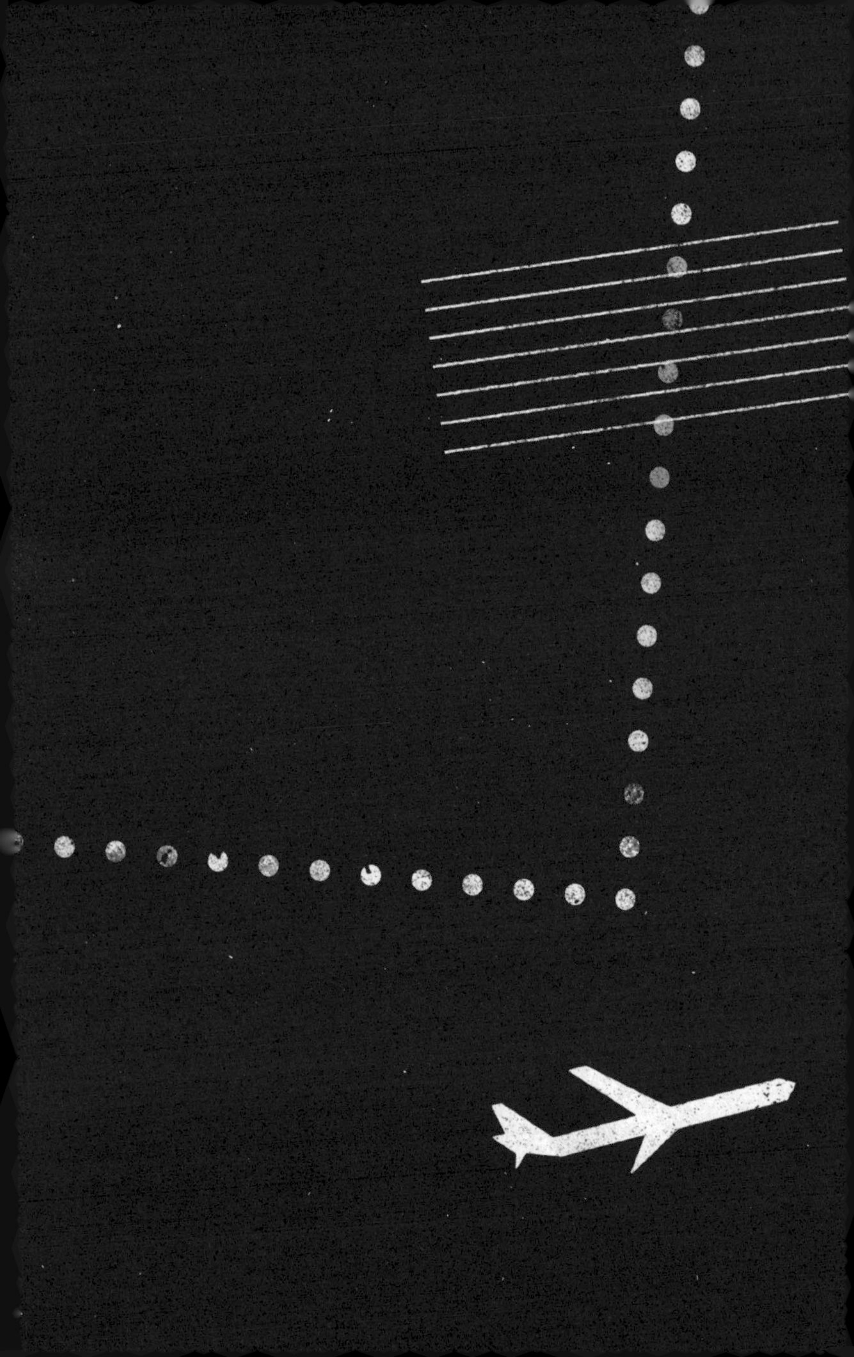

CARTA Nº 01

VOCÊ É UMA INSPIRAÇÃO

De Melissa Rivers *para* Joan Rivers

2013

No dia 7 de setembro de 2014, um domingo, uma multidão se reuniu do lado de fora do templo Emanu-El, na Quinta Avenida, em Nova York, para homenagear Joan Rivers, que falecera havia pouco. Nascida em 1933 no Brooklyn, filha de imigrantes russos, Rivers era uma atriz sem papas na língua, bastante conhecida desde os anos 1960 graças a vários trabalhos na televisão. Muitos fizeram discursos em sua memória naquele dia, inclusive sua filha Melissa, que algumas vezes hospedou a mãe em sua casa quando ela filmava em Los Angeles. Para o júbilo de todos os presentes, depois de dizer algumas palavras, Melissa leu esta carta, que havia escrito para sua mãe no ano anterior.

Mamãe:

Recebi o bilhete que você deslizou por debaixo da porta do meu quarto ontem à noite. Fiquei muito animada para ler, pensando que você queria compartilhar comigo conselhos incríveis e carinhosos. Imagine a minha surpresa quando eu o abri e vi que começava com o cumprimento "Cara locadora". Li todas as suas reclamações, seguem meus comentários:

1. Ainda que compreenda seu desejo de ter um upgrade das suas instalações, mudando para um lugar mais espaçoso, eu não consigo transferir Cooper [filho de treze anos] para a lavanderia com a consciência tranquila. Concordo que isso lhe traria lições valiosas de cama, mesa e banho, mas, uma vez que não o imagino no futuro numa lavanderia a seco, sou obrigada a dizer não.

   Além disso, sei que você é um verdadeiro gênio criativo (e eu me espanto com a profundidade dos seus instintos), mas derrubar uma parede sem a minha autorização não é uma maneira adequada de expressar tal criatividade. Não se trata apenas de passar dos limites, mas de passar por cima das regras do prédio. E mais, o pedreiro não pode vir até a semana que vem, então seu plano de expansão deverá ser suspenso.

2. Re: Seu colega "locatário" (nas suas palavras), Cooper. Quando eu o deixo aos seus cuidados, não é legal que você acabe com as minhas regras. Não é legal deixá-lo comer batatinhas fritas e sorvete no jantar. Não é legal você permitir que ele mate aula para ir ao cinema. Muito menos quando o filme é *O último tango em Paris*.

   Quanto a você levá-lo com os amigos a um "clube de rapazes", eu entendo o seu raciocínio de que foi uma experiência educativa para os meninos — e você tem razão, agora ele é o mais popular da escola —, mas eu preferiria que ele não aprendesse biologia com esses "rapazes" e suas moças, Bambi, Trixie ou Kitten. E não é porque gritei com você que aceito o seu argumento de que eu tenha criado um ambiente hostil em casa.
3. Por mais contente que eu fique em saber que você está socializando, você precisa trocar a água do ofurô depois das suas festas. Na verdade, você precisa moderar suas festas totalmente. Imagine minha surpresa ao ver as fotos que você postou no Facebook com suas amigas todas brincando de topless no ofurô.

Acho maravilhoso que você esteja se divertindo mais, mas não posso continuar recebendo reclamações dos vizinhos a respeito do barulho das suas brincadeiras como ciranda-cirandinha com o andador e pega-pega o cuidador pelado.

Fico mais que feliz que você use a casa para suas reuniões sociais, mas você não pode emprestá-la para as pessoas, chamá-la de "sede da festa" ou distribuir camisetas com os ditos "Jimmy Buffett vá à m***".

Por fim, espero ter respondido a contento suas reclamações e demandas. Eu adoro ter você morando comigo e sou grata por todos os minutos que eu e Cooper passamos com você. Você é uma inspiração. Você também está com o aluguel deste mês atrasado.

Com amor,
Melissa

CARTA Nº 02

EU SEI, MÃE, EU SEI

De Anne Sexton *para* Linda Sexton

Abril de 1969

Nascida em 1928 em Newton, no estado de Massachusetts, Anne Sexton travou batalhas contra a doença mental por muito tempo de sua vida adulta. O nascimento de suas duas filhas, quando ela tinha vinte e poucos anos, apenas aprofundou e complicou sua agonia psíquica. Foi a conselho de seu terapeuta, quando estava internada em um hospital em 1955, dois anos depois do nascimento de sua primeira filha, Linda, que ela começou a escrever os poemas que ajudaram a manter seus pensamentos suicidas afastados e dariam esperança a familiares e amigos. Durante uma viagem em 1969, dois anos antes de receber o prêmio Pulitzer por seu livro Live or Die, *Sexton escreveu para Linda, então com quinze anos, uma mensagem para ser lida no futuro. Cinco anos depois desta carta emotiva ela pôs fim à própria vida, aos 45 anos.*

Quarta-feira, 14h45

Querida Linda,

Estou no meio de um voo para St. Louis, onde vou fazer uma leitura. Estava lendo um conto na *New Yorker* que me fez pensar na minha mãe e, completamente sozinha aqui na poltrona, eu sussurrei para ela "Eu sei, mãe, eu sei". (Achei uma caneta!) E pensei em você — algum dia, em algum voo, completamente sozinha, e eu talvez já tenha morrido, e você querendo falar comigo.

E eu quero te responder. (Linda, talvez não seja em um voo, talvez seja na sua *própria* mesa da cozinha, tomando chá em alguma tarde, quando você tiver quarenta anos. A *qualquer* momento.) — Eu quero te dizer também.

1º, eu amo você.
2. Você *nunca* me decepcionou.
3. Eu sei. Já estive nesse lugar. Eu *também* já tive quarenta anos e uma mãe morta de quem eu ainda precisava.

Esta é a minha mensagem para a Linda de quarenta anos. Não importa o que aconteça, você sempre foi minha avezinha, minha especial Linda Gray. A vida não é fácil. É terrivelmente solitária. *Eu* sei disso. Agora você também sabe — onde quer que esteja, Linda, conversando comigo. Mas eu tive uma vida boa — eu escrevi infeliz —, mas eu vivi ao máximo. Você também, Linda — viva ao MÁXIMO! Ao extremo. Eu te amo, Linda de quarenta anos, e eu amo o que você faz, o que você pensa, o que você é! — Seja dona de si. Doe-se a quem você ama. Converse com os meus poemas, converse com o seu coração — eu estou em ambos: se você precisar de mim. Eu menti, Linda. Eu amei, sim, a minha mãe, e ela me amou. Ela nunca me abraçou, mas eu sinto a falta dela, tanto que preciso negar que eu a amei — ou ela a mim! Anne, que boba! Fim de papo!

Beijos e abraços,
Mamãe

SELO

CARTA Nº 03

AQUI É A MÃE DE DANNY DEVITO

De Julia DeVito *para* Kirk Douglas

1973

Em 1973, bem no início da longa e ilustre carreira de Danny DeVito no cinema, ele foi escalado para o elenco de Scalawag: As aventuras de um velhaco, *um filme antigo e esquecido, dirigido e estrelado por Kirk Douglas, já então uma lenda amada de Hollywood. Ele recebeu, no melhor dos cenários, críticas apenas satisfatórias em seu lançamento. Mas ninguém sentiu tanto orgulho do filme quanto Julia, a mãe de DeVito, que assim que o assistiu enviou uma carta enternecedora a Douglas, para agradecer-lhe por ter escolhido seu filho. Julia chegou a trabalhar ao lado de seu filho no seriado* Taxi, *de grande sucesso. Ela faleceu em 1987. Kirk Douglas incluiu essa deliciosa carta em sua autobiografia um ano depois, e em 1991 Danny DeVito a leu em voz alta para um público de centenas de pessoas na cerimônia do prêmio que o American Film Institute concedeu a Douglas pelas conquistas de sua carreira.*

Caros sr. & sra. Douglas:

Aqui é a mãe de Danny DeVito, escrevendo para agradecer a ambos por terem dado um papel a meu filho no seu filme *Scallywag*. Toda a minha família foi assisti-lo no Paramount, em Nova York, e o filme é ótimo. Alguns dos meus amigos & familiares assistiram na Flórida e me telefonaram hoje para me dizer que o Danny estava fantástico, eles gostaram da atuação dele, e isso me deixou orgulhosa. Metade de Asbury Park, N. J., está esperando o filme chegar aqui. Minha filha tem um salão de beleza em Neptune, N. J., e colocou uma placa que diz: "Em breve: *Scallywag*". Vejam como aqui está cheio de propaganda.

Tudo de bom para o seu filho Michael, ele passou um fim de semana na nossa casa & nós adoramos ele & também assistimos *Streets of San Francisco* às quintas à noite.

Mais uma vez, gostaria de agradecer a vocês dois por terem dado um papel ao meu filho no seu filme. É incrível ter um papel com uma grande estrela como você.

Atenciosamente,
Sra. Dan DeVito

CARTA Nº 04

BRILHE, CONSTANTE E REGULARMENTE

De Caitlin Moran *para* Lizzie Moran

Julho de 2013

A mais velha de oito filhos de uma família de operários, a jornalista e escritora britânica Caitlin Moran nasceu em Brighton, na Inglaterra, e cresceu na cidade inglesa de Wolverhampton. Desde o começo da adolescência escreveu para um público amplo e, aos quinze anos, foi coroada "Jovem repórter do ano" pelo Observer *— um dos muitos prêmios que desde então recebeu por seu trabalho. Mãe de duas meninas, em 2013 escreveu esta carta para uma de suas filhas, explicando, naquele momento: "Minha filha está quase completando treze anos e eu tenho fumado muito nos últimos tempos, e por isso — nas horas da madrugada, quando parece que tem um ratinho dentro dos meus pulmões, arranhando, tentando sair — pensei em escrever para ela umas dessas cartas do tipo 'Agora que morri, aqui está minha carta com conselhos para você ler e reler enquanto segue sua vida sem mãe'. Este é um primeiro rascunho. Depois vou melhorá-la um pouco. Depois de fumar mais um cigarro".*

Querida Lizzie,

Oi, aqui é a mamãe... Veja — estas são algumas coisas que aprendi pelo caminho e que você pode achar úteis nos próximos anos. Não é uma lista exaustiva, mas já é um bom começo. Também deixei para você um monte de dinheiro do seguro de vida — então corra e se jogue no eBay, naqueles vestidos vintage de segunda mão que você adora. Você sempre ficou linda com eles. Você sempre fica linda.

O principal é tentar ser legal. Você já é — tão encantadora que eu quase explodo, querida — e por isso eu quero que você se apegue a isso e nunca o perca. Vá regulando isso bem devagar, como um dimmer, sempre que puder. Apenas decida brilhar, constante e regularmente, como uma luz quente num cantinho, e as pessoas vão querer se aproximar de você para se sentirem felizes e para ver as coisas com mais clareza. Você vai ser brilhante e estável num mundo de escuridão e movimento, e isso vai protegê-la da ânsia por outras coisas, no final das contas coisas menos gratificantes, como "ser descolada", "ser mais bem-sucedida que os outros" e "ser muito magra".

Em segundo lugar, lembre-se sempre de que, em nove a cada dez vezes você provavelmente não está tendo um colapso absoluto — você só precisa de uma xícara de chá e de um biscoito. Você ficaria surpresa com a facilidade e a frequência com que se confundem as duas coisas. Compre uma lata de biscoitos.

Três — sempre tire as minhocas do piso e coloque-as de volta na grama. Elas não estão tendo um dia bom, e elas são boas para... a terra, ou algo assim (pergunte mais ao papai sobre isso; estou dando ideias mais gerais)

Quatro: escolha seus amigos por se sentir mais você mesma perto deles, porque as piadas vêm fácil e porque com eles você se sente mais confortável do que nunca, mesmo que esteja vestindo só uma camiseta. Nunca ame alguém que você acha que precisa consertar — ou que faça você sentir que precisa de conserto. Há garotos por aí procurando meninas brilhantes; eles vão ficar perto de você e falar no seu ouvido, bem baixinho, coisas que só você consegue ouvir e que vão aos poucos escoar a alegria do seu coração. Os livros sobre vampiros são verdade, querida. Enfie uma estaca no coração deles e saia correndo.

Fique em paz com o seu corpo. Enquanto estiver saudável, nunca pense nele como um problema ou um fracasso. Faça carinhos às vezes nas suas pernas e agradeça-lhes por saberem correr. Coloque suas mãos na sua barriga e se delicie com o seu calor e a sua maciez — se deslumbre com o mundo que se mexe dentro dela, esse incrível mecanismo de carne, como eu fazia quando você estava dentro de mim e eu sonhava com você todas as noites.

Sempre que, numa conversa, não souber o que dizer, faça uma pergunta. Mesmo se estiver ao lado de um homem que coleciona roscas e parafusos de antes dos anos 1970, você provavelmente nunca vai ter outra oportunidade de descobrir tanta coisa sobre roscas e parafusos de antes dos anos 1970, e nunca se sabe quando essa informação pode ser útil.

Já entrando na próxima dica: a vida se divide em MOMENTOS DIVERTIDOS E INCRÍVEIS e EXPERIÊNCIAS ATERRADORAS QUE DEPOIS VÃO VIRAR HISTÓRIAS INCRÍVEIS. Por pior que seja, você vai conseguir passar por qualquer situação se se imaginar contando sobre ela no futuro para os seus amigos enquanto eles gritam, cada vez acreditando menos, "NÃO! NÃO!". Mesmo Jesus, quando estava na cruz, aposto que Ele estava pensando: "Daqui a três dias, quando eu ressuscitar, os discípulos não vão acreditar nisso aqui quando eu contar pra eles".

Meu amorzinho, veja todos os nascentes e poentes que puder. Atravesse as ruas para sentir o cheiro das flores. Acredite sempre que você é capaz de mudar o mundo — ainda que só um pouquinho, porque cada pouquinho precisou de alguém para mudá-lo. Pense que você é um foguete prateado — a música alta é o seu combustível; os livros são mapas e coordenadas que apontam como chegar lá. Faça festas estapafúrdias, ame o tempo todo, dance com sapatos confortáveis, converse com o papai e com Nancy sobre mim todos os dias e nunca, nunca comece a fumar. É como comprar um dragãozinho lindo que vai crescer e em algum momento queimar toda a m*** da sua casa.

Com amor,
Mamãe

ENTREGA ESPECIAL

CARTA Nº 05

NÃO ESTÁ BONITO, MÃE?

De E. B. White *para* Stanley Hart White

16 de maio de 1936

O romancista E. B. White escreveu certa vez: "Se uma infância infeliz é indispensável para ser um escritor, não tenho aquilo de que preciso". Seu pai, Samuel, e sua mãe, Jessie, tinham respectivamente 45 e 41 anos quando Elwyn, conhecido na vida adulta como Andy, chegou inesperadamente na família. Seu irmão mais velho, Stanley, cuidou dele e lhe ensinou habilidades básicas como ler e como usar um canivete. Depois da morte do pai deles, em 1935, sua mãe se mudou para Washington, D.C., para ser cuidada pela sua filha, Clara, e morreu de câncer no fígado nove meses depois, tendo dedicado desinteressadamente sua vida adulta à família. Depois da morte da mãe, Andy escreveu para seu irmão, infelizmente ausente, e contou sobre os últimos dias.

Nova York
noite de sábado, 16 de maio

Querido Bun:

A mãe ficou cada vez mais fraca, e na quarta-feira fui para Washington para vê-la pela última vez. Cheguei em meio a uma tempestade, o ar estava muito quente e sufocante, e a encontrei se apegando arrependida à vida, ciente do barulho e com medo dos raios. Seu sofrimento parecia maior do que qualquer um poderia suportar. Mas no dia seguinte — uma manhã clara e fresca, com um brilho bonito —, cheguei e a encontrei num estado curioso de entusiasmo; a dor parecia ter ido embora e ela falava com um tipo de excitação febril sobre a experiência da morte, que queria a todo custo nos convencer (enquanto ainda tinha força suficiente para falar) de que era bonita. Ela estava muito alterada e só com muito esforço conseguia firmar a vista, mas conseguiu nos convencer de que ela tinha chegado a uma conclusão pacífica. Se era fingimento ou uma verdade cheia de compaixão, nunca vou saber, mas ela parecia estar sob efeito de uma embriaguez espiritual. Eu disse: "Não está bonito, mãe?" (me referindo ao clima), e ela respondeu, com um fervor surpreendente: "Ah, meu Deus, meu Deus, está perfeitamente belo" (se referindo à morte). Clara pegou sua mão e disse: "Mãe, você está confortável, não está?".

E ela respondeu: “Imensamente confortável”. “E você está feliz?” “Imensamente feliz.” Foi um alívio tremendo, depois do que vínhamos passando. A mãe conseguia ouvir as vozes das crianças cantando do outro lado da rua, na escola paroquial, e falou disso e do quanto isso tinha sido importante para ela. Ao que parece, ela estava adorando os símbolos católicos, e foi muito confortada por eles — ela gostou do grande crucifixo ao pé da cama. Eventualmente um estremecimento de dor a fazia se contrair, e ela murmurava “ah, ah, ah, ah”, logo em seguida falando, para nos tranquilizar: “Não foi nada, não foi nada, mesmo”. Toda a sua mente parecia decidida a nos convencer de que estava tudo bem com ela. Ela morreu nessa noite, por volta das dez horas; Clara ficou com ela o tempo todo.

Hoje ela recebeu a extrema-unção de Burr Davis, com o órgão elétrico, os lírios murchos, os antigos empregados de cor sentados atentos e em silêncio na pequena capela, com os vizinhos do outro lado da rua, o médico que não sabia que ela tinha câncer no fígado e o padre que tinha certeza de que sua alma iria para o céu. Depois nós saímos de carro, exaustos, e fomos até Ferncliff, parando nos semáforos vermelhos e ouvindo anedotas do interminável sr. Scholz. Fui andando e encontrei a lápide do pai, que me pareceu boa. Precisamos arranjar outra igual a essa.

Este é um relato bem geral do que aconteceu nesses últimos dias, mas achei que você gostaria de saber ao menos os fatos concretos. É quase inacreditável que no curso de apenas um ano Sam e Jessie foram embora desta vida.

Sempre seu,

Andy

CARTA Nº 06

DEPOIS DE AMANHÃ EU DEVO MORRER

De Ichizō Hayashi *para* sua mãe

Março de 1945

Em outubro de 1944, os Aliados avançavam sobre o encolhido império japonês. Sem dar mostras de querer se render, sua última opção era a derradeira e desesperada tentativa de infligir toda a dor possível ao inimigo através dos pilotos camicases — a maioria, jovens e sem experiência —, treinados para pilotar seus aviões carregados de explosivos de encontro aos navios de guerra do inimigo. O manual de treinamento camicase garantia aos pilotos que, no momento de sua morte, eles veriam o rosto de suas mães e que as mais doces lembranças de sua infância passariam diante de seus olhos. Ainda assim, como se pode ver aqui, as cartas de despedida que eles escreviam para seus pais costumavam trazer expressões pungentes de medo, arrependimento e saudade de casa e da família.

Ichizō Hayashi, de 23 anos, morreu em um ataque suicida a leste de Yorenjima, em 12 de abril de 1945.

Mãe,

Chegou a hora de te dar uma notícia triste.

Você me ama mais do que eu um dia serei capaz de te amar. O que você vai achar desta carta? Eu lamento imensamente.

Tenho sido muito feliz; talvez eu tenha sido mimado demais. Mas não é culpa minha. Eu te amei, e era tão bom receber os seus carinhos.

Estou contente de ter sido escolhido como piloto de um grupo "de ataque especializado", mas mal consigo segurar as lágrimas quando penso em você.

Você fez tudo que pôde para me educar, para me ajudar a encarar o futuro. Estou muito triste que devo morrer sem ter dado nada em troca a você — nem felicidade nem serenidade. Mal posso pedir que você também faça esse sacrifício da minha vida ou que sinta orgulho da minha morte, por mais gloriosa que venha a ser. É melhor que eu não fale de nada disso com você.

Jamais ousei recusar a moça com quem você queria que eu me casasse. Eu nunca quis perder o seu amor, e eu ficava tão feliz ao receber as suas cartas.

Adoraria te ver mais uma vez e dormir abraçado com você. Mas o único lugar onde eu poderia ter te encontrado é em Moji. Porque depois de amanhã devo partir, depois de amanhã devo morrer.

Talvez eu sobrevoe Hakata. Vou mandar um adeus em silêncio de cima das nuvens. Mãe, você sonhava com um futuro brilhante para mim, e eu vou decepcioná-la. Nunca vou esquecer a sua angústia quando fui fazer as provas. Me juntei a esse grupo apesar da sua reprovação, e hoje eu percebo que teria sido melhor seguir o seu conselho.

Busque algum conforto na lembrança de que eu sou um piloto realmente bom e no fato de ser muito raro que um membro da Força Aérea com tão poucas horas de voo seja escolhido para uma missão desse tipo.

Quando eu tiver morrido, você ainda vai ter Makio. Eu era o seu preferido por ser mais velho, mas, acredite, Makio é muito melhor que eu. Ele é muito bom em pensar no interesse da família. Você também tem as minhas irmãs, Chiyoko e Hiroko, e seus netos.

Anime-se. Minha alma estará sempre com você. Suas alegrias serão as minhas, mas se estiver triste eu também estarei muito aflito.

Às vezes eu tenho a tentação de voltar para você, mas isso seria um ato muito covarde.

Quando fui batizado, o padre me disse estas palavras: "Renuncie ao seu próprio ser". Eu me lembro muito bem disso. Vou entregar minha alma ao Salvador antes de morrer, perfurado pelas balas americanas. Está tudo nas mãos de Deus. Não há vida nem morte para aqueles que vivem em Deus. O próprio Jesus disse: "Seja feita a Vossa vontade".

Leio a Bíblia todos os dias. Assim me sinto mais perto de você. Quando eu cair para a morte, terei comigo a Bíblia e o Livro de Salmos no meu avião. Também levarei o broche da missão que o diretor da escola me deu e a sua medalha.

Talvez eu não tenha levado tão a sério quanto deveria aquela história de casamento. Não quero dar a impressão de ter faltado ao respeito com minha prometida nem com a família dela. Você pode fazê-la entender que o melhor é terminar? Gostaria mesmo de me casar com ela. Daria essa alegria a você com todo prazer. Mas não tive tempo.

Peço só uma coisa a você: que você me perdoe. Mas posso ir em paz, porque sei que sempre me perdoa. Mãe, eu te admiro tanto! Você sempre foi muito mais corajosa do que eu. Você é capaz de se obrigar a fazer coisas dolorosas, e para mim isso é impossível. Seu único erro foi ter me mimado demais. Mas eu mesmo queria que você fizesse isso e não te repreendo.

Quando bater no inimigo, vou rezar por você, para que todas as suas orações sejam atendidas. Pedi que Ueno levasse esta carta, mas nunca a mostre para ninguém. Tenho vergonha dela. Tenho a impressão de que não é a mim que a morte espera. Quando penso que nunca mais vou vê-la, sou tomado pelo luto.

"SEI QUE SEMPRE ME PERDOA."

ICHIZŌ HAYASHI

CARTA Nº 07

SUA MÃE ANSIOSA

De Jessie Bernard *para* a filha que ainda não tinha nascido

1941

A renomada socióloga e feminista americana Jessie Bernard estudou e deu aulas em inúmeras instituições até se aposentar em 1964, e foi só então que ela se tornou de fato uma das vozes mais importantes do feminismo com os livros essenciais e artigos pelos quais ela é hoje conhecida, como The Future of Marriage *[O futuro do casamento] e* The Female World *[O mundo feminino]. Ela fez tudo isso enquanto criava sozinha seus três filhos depois de seu marido, Luther, ter morrido de câncer em 1951, seis meses depois do nascimento do filho caçula. Em 1941, aos 38 anos e grávida pela primeira vez, Jessie escreveu uma carta para a filha que ainda estava para nascer. Quando Dorothy Lee tinha um mês de idade, ela escreveu outra.*

4 de maio de 1941

Minha querida,

Daqui a onze semanas você vai estar pronta para o mundo daqui de fora. E que mundo tem sido neste ano! Esta foi a primavera mais bonita que eu já vi... rebentando em cor. O sino-dourado estava mais amarelo e mais cheio do que qualquer outro que já vi. Os lilases pareciam plumas e cheiravam tão bem, e agora os buquês-de-noiva, carregados com seus botões redondinhos, pareciam lindos iglus, uma massa branca. Eu me dispo da minha capa científica por tempo suficiente para fingir que a natureza está se superando para preparar este mundo para você. Mas eu também quero deixar toda essa beleza entrar no meu corpo.

Não consigo não pensar naquele outro mundo. O mundo da Europa, em que bebês nascem e passam fome, não se desenvolvem, os seios secos pela angústia e pela exaustão. Isso também faz parte do cenário. E às vezes penso que, enquanto o meu corpo está criando um milagre nessa primavera idílica, há forças em atuação que podem estar se preparando para, dentro de vinte ou 25 anos, destruir o que meu corpo criou. Meu amor, a guerra ganha um novo significado terrível quando penso nisso. Penso em todas essas mães que carregaram suas cargas valiosas com tanto cuidado por nove longos meses — e você não imagina como nove meses podem ser longos quando você está ansiosa pelo fim — e com amor alimentaram seus bebês no seio e viram eles crescerem por vinte anos. Penso na angústia delas quando tudo isso se transforma em nada.

[...] Para mim, a única resposta que uma mulher pode dar às forças destrutivas do mundo é a criação. E a forma mais arrebatada de criação é a criação de uma nova vida. Eu tenho tantos sonhos para você. Há muitas virtudes que eu te daria, se eu pudesse. Antes de tudo, faria você forte e firme. Como me esforcei para isso! Tomei tantas vitaminas e minerais em vez de comer. Litros de leite, quilos de alface, dúzias de ovos... horas de luz do sol. Para fazer seu corpo ser forte, porque tudo depende disso. Eu daria resiliência ao seu corpo para que todos os golpes e as pancadas deste mundo ainda te mantivessem de pé. Faria você ser criativa. Faria você ser uma cientista criativa. Mas se a mistura dos genes fizer de você uma artista, isso também me deixará feliz. E mesmo se você não tiver nenhum talento especial nem artístico nem científico, eu ainda gostaria que você fosse criativa, não importando o que você fosse fazer. Para construir coisas, para fazer coisas, para criar — é isso a que eu aspiro para você. Se você tiver um corpo forte e uma mente criativa, estarei feliz. Vou me esforçar para isso.

Já consigo ver como os pais se esforçam em proteger seus filhos de decepções e derrotas. Mas sei também que não posso refazer a vida para você. Você vai sofrer. Você vai viver momentos de decepção e derrota. Você vai receber uma porção de pancadas. Não posso te poupar disso. Mas espero te ajudar a ser uma pessoa tão forte, radiante e consciente de quem você é que vai lidar com tudo sem sobressaltos, assimilar e se erguer para a vitória.

Onze semanas ainda. Parece muito tempo. Até outro dia então, meu tesouro, aqui me despeço.

Sua mãe ansiosa

---

24 de agosto de 1941

Minha querida filha,

Agora que segurei seu corpinho tão concreto nos meus braços e senti o puxão voraz dos seus lábios famintos no meu seio, as cartas anteriores que escrevi para você na primavera parecem bastante remotas e teóricas. Estou agora tão completamente submersa no seu cuidado físico que os valores mais abstratos do seu desenvolvimento foram suplantados...

Você mamou com tanta energia, ainda que houvesse tão pouco leite para você... Eu queria muito te amamentar por completo, mas, uma pena, eu não tinha leite suficiente. Então fizemos um acordo. Dou o peito e depois uma mamadeira. Por enquanto você não mostrou nenhuma objeção. Sua postura positiva e experimental se mostrou de novo outro dia, quando demos a você suco de laranja com uma colher pela primeira vez. Você tomou com alegria e entusiasmo. Sem rejeição. Sem objeção. Ficamos encantados com a facilidade da nova situação.

As primeiras semanas em casa têm sido muito difíceis para você e para nós. Tenho tão pouca experiência com bebês, tive que aprender tudo do zero. E ainda assim você me deixa completamente desorientada. Você não é um objeto científico. Uma solução que uma vez faz você parar de chorar não vai surtir efeito da próxima vez. Você está chorando desesperadamente e então, de uma hora para outra, você para e fica tudo bem. Isso me confunde demais. Eu queria te entender melhor...

Você parece ter uma curiosidade insaciável pelo mundo. Você adora olhar para as coisas. Você abre os olhos bem grande e levanta a cabeça por cima dos nossos ombros e absorve tudo o que consegue ver. Eu acho você absurdamente encantadora. Fico horas olhando você dormir ou ficar acordada na cama. A mera visão ou toque no seu corpinho me provoca um prazer intenso...

Cuidar de você me absorveu tanto que não consigo pensar ou fazer qualquer outra coisa. Mas espero agora poder retomar o controle sobre mim mesma. Para o seu bem e para o meu. Não posso deixar que você me absorva por completo, preciso aprender a viver a minha vida de um jeito independente, para ser uma mãe melhor para você.

Todo o meu amor para você, filha querida

CARTA Nº 08

AGORA DEPENDE DE VOCÊ

B. D. Hyman e Bette Davis

Década de 1980

Em 1983, ao fim de uma carreira extraordinária, em que foi indicada para o então recorde de dez vezes ao Oscar (duas das quais ganhou), a atriz lendária de Hollywood Bette Davis — nascida Ruth Elizabeth Davis em 1908 — foi diagnosticada com câncer de mama. A isso se seguiram uma cirurgia e vários derrames que a deixaram parcialmente paralisada. Então, em 1985, sua filha, Barbara, lançou um livro controverso, intitulado My Mother's Keeper *[A guardiã da minha mãe], que expôs a relação conturbada delas, pintou Davis de uma forma terrível e se encerrava com uma carta breve para a mãe. Dois anos depois, Bette Davis lançou suas memórias — e ao finalzinho, para que o mundo todo lesse, havia uma resposta para sua filha.*

Então aqui está, mãe, a história de nós duas, não como você gostaria que tivesse sido, mas como realmente foi. Você queria que eu fosse como você, uma lutadora, mas eu nunca quis lutar. Lutas e drama te deram algum tipo de satisfação, ouso dizer felicidade, mas me trouxeram só desgraça. Eu fico feliz com amor e risadas, mas isso leva você às lágrimas de tédio. Eu deixei que você fosse assim e tentei te entender durante todos esses anos porque, na maior parte deles, eu te amei e te respeitei. Meu marido contraía os lábios e saía de perto na maior parte das vezes porque ele me amava e entendia o meu dilema. Ele também gostava de quem você era de verdade, a Ruth Elizabeth que você tão raramente nos deixava ver...

Você se recusou reiteradamente a me ouvir. Você rasga cartas que não te agradam sem ler até o fim. Você desliga o telefone se não gosta do que ouve. Você usou amigos e advogados para me pressionarem quando você queria algo que eu não queria dar. Você desempenhou diversos papéis durante a minha vida, alguns deles de forma brilhante, outros fazendo o mínimo, mas por alguns anos, uns quinze anos atrás, você só queria ser você mesma.

Por isso, mãe, a luta vai acontecer no *seu* campo; dou a minha palavra de que não vai mais acontecer no nosso. Ao que me parece, você tem duas opções. Nenhuma delas é dizer que me perdoa por escrever este livro e só quer que eu te ame...

Encare isso, mãe, como o meu grito no deserto, para preparar o caminho e tornar retas as suas veredas. Houve muitos milagres na minha vida recentemente e, se aquele pelo qual eu agora torço acontecer, você vai encontrar esse caminho. A única exigência é que Ruth Elizabeth, sem papéis nem fantasia, siga esse caminho até chegar à porta. A porta estará sempre aberta para ela.

Cara Hyman,

Você terminou seu livro com uma carta para mim. Decidi fazer o mesmo.

Não há dúvida de que você tem um potencial imenso como escritora de ficção. Você sempre foi uma ótima contadora de histórias. Várias vezes eu te disse, ao longo de todos esses anos, "B. D., não foi assim que aconteceu. Você está imaginando as coisas".

Muitas cenas do seu livro eu fiz na tela. Pode ser que você tenha confundido o meu "eu" da tela com o meu "eu" que é a sua mãe.

Tenho objeções profundas a citações que você atribui a mim a respeito de atores com quem trabalhei. Na maioria delas, você me citou errado, por crueldade. Com Ustinov eu fiquei maravilhada de trabalhar e o admiro muito como pessoa e como ator. Você observou corretamente as minhas impressões de trabalhar com Faye Dunaway. Ela era uma coprotagonista extremamente irritante. Mas me citar como se eu tivesse dito que Sir Laurence Olivier não é um bom ator é com certeza um dos produtos da sua imaginação. Poucos atores jamais atingiram as imensas alturas de suas performances.

Você diz o tempo todo para as pessoas que escreveu esse livro para me ajudar a entender melhor você e o seu modo de vida. Você não atingiu seu objetivo. Estou totalmente confusa em relação a quem você é e a qual é o seu modo de vida.

A soma total do fato de você ter escrito esse livro é uma evidente falta de lealdade e gratidão pela vida privilegiada que sinto que lhe foi dada.

Em uma das muitas entrevistas que você deu para a divulgação do seu livro, você disse que, se tivesse os direitos para a TV, você acha que Glenda Jackson deveria interpretar o meu papel. Espero que você seja cortês o bastante para me convidar para interpretar a mim mesma.

Tenho muito do que reclamar no seu livro. Decidi ignorar a maior parte. Mas não a criatura patética que você afirma que eu fui pelo fato de não ter feito a Scarlett em *... E o vento levou*. Eu poderia ter feito, mas recusei o papel. O sr. Selznick tentou conseguir autorização do meu chefe, Jack Warner, para emprestar Errol Flynn e Bette Davis para interpretarem Rhett Butler e Scarlett. Eu recusei porque senti que Errol não era a pessoa certa para Rhett. Naquele momento, a única pessoa certa era Clark Gable. Por isso, cara Hyman, não me mande de volta à plantação fictícia de Tara, me mande em vez disso para Witch Way, nossa casa na linda costa do Maine, onde certa vez viveu uma pessoa linda com o nome de B. D., não Hyman.

Da mesma forma como você terminou sua carta em *My Mother's Keeper* — agora depende de você, Ruth Elizabeth —, termino a minha: agora depende de você, Hyman.

Ruth Elizabeth

P.S. Espero um dia entender o título *My Mother's Keeper.* Se se refere a dinheiro, se minha memória não me falha, fui sua guardiã nesses anos todos. E continuo sendo, pois foi meu nome que fez o seu livro sobre mim ser um sucesso.

"ENCARE ISSO, MÃE, COMO O MEU GRITO NO DESERTO."

B. D. HYMAN

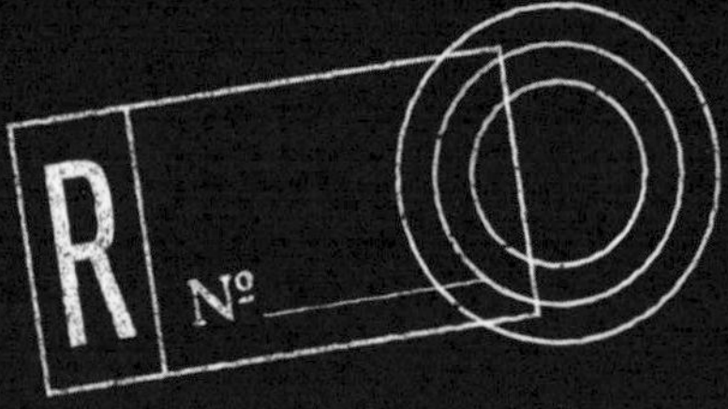
R
Nº

CARTA Nº 09

TUDO QUE EU FIZER VAI TER UMA PITADA SUA

De Estela May Young *para* Fernanda Young

25 de agosto de 2019

Atriz, roteirista, roteirista e apresentadora de TV, Fernanda Young foi responsável por algumas das séries mais icônicas da televisão brasileira. Aos 49 anos e mais afiada do que nunca, ela sofreu uma crise de asma seguida de uma parada cardíaca durante um fim de semana em uma fazenda em Minas Gerais e não sobreviveu. Fernanda deixou uma legião de fãs, o marido e quatro filhos, incluindo a ilustradora de 19 anos Estela May, que publicou uma comovente carta de despedida para sua mãe em seu Instagram.

mamãe, eu nunca doí tanto. mas sei que você voltou pras plêiades, a 444,2 anos-luz daqui, pra relatar os dados que você adquiriu da terra: são todos uns mesquinhos tontos que só fazem merda mas às vezes amam e se divertem. você amava e se divertia. você deixa pra trás a obra mais perfeita que já vi, todos os textos, todas as brilhantes ideias de jerico que nem chegaram a ser realizadas (pode deixar que eu realizo) e os poemas. aqueles lindos poemas. ai de alguém apagá-los das paredes. tudo sobre você sempre me impressionou, é como se você fosse o protótipo da mãe legal: anárquica, generosa, engraçada, gentil, doida e ainda por cima não me julgou naquela fase que eu só dormia se tivesse um guarda-chuva aberto em cima de mim. vai ser difícil sem você mas vamos conseguir, prometo. e pode acreditar que tudo que eu fizer vai ter uma pitada sua, porque você é a minha maior inspiração. você é eterna. que orgulho de ser sua filha. te amo e obrigada pelos mais lindos 19 anos

CARTA Nº 10

ELA ERA MINHA FAMÍLIA INTEIRA

De Tarê *para* sua tia, Horeina

Século IV

No Instituto de Papirologia da Universidade de Paris-Sorbonne, podem-se encontrar cartas escritas há muito tempo em diversas línguas nos vários papiros lá conservados. Esta aqui, traduzida do grego antigo para o inglês, foi escrita na Síria no século IV *por uma menina egípcia com saudade de sua mãe, que havia morrido pouco tempo antes.*

Para minha senhora e tia muito amada, Tarê, a filha de sua irmã Allous envia seu cumprimento em Deus.

Antes de tudo, rezo para Deus para que estas palavras te recebam feliz e saudável. Esta é a minha oração.

Saiba, minha senhora, que minha mãe, sua irmã, morreu durante o banquete de Páscoa. Quando eu tinha minha mãe comigo, ela era minha família inteira. Desde o momento em que morreu estou sozinha, sem ninguém em uma terra estrangeira. Lembre-se de mim, por favor, tia, como se minha mãe ainda estivesse viva, e se encontrar alguém me mande notícias.

Mande minhas saudações a toda sua família. Que o Senhor a guarde em segurança e com saúde por um longo tempo de paz, minha senhora.

CARTA Nº 11

NUNCA VAI SER FÁCIL

De Hannah Woodhead *para* sua mãe

Janeiro de 2018

Em 2017, a cineasta Greta Gerwig colecionou elogios com o lançamento de seu primeiro filme como diretora, o premiado Lady Bird. *Na narrativa de formação parcialmente autobiográfica, a protagonista Christine "Lady Bird" McPherson cumpre a complicada jornada do colégio à universidade enquanto atravessa uma relação frequentemente turbulenta com sua mãe. Em janeiro de 2018, a jornalista britânica de cinema Hannah Woodhead se inspirou no filme que assistira havia pouco tempo para escrever uma carta à sua mãe.*

Querida mamãe,

Não me lembro de muitas coisas ruins do nosso relacionamento entre os anos de 2005 e 2010, mas acho que é principalmente porque não me lembro de muitas coisas desses anos, ponto. Eu odiava ser adolescente. Não ia para a escola, não comia, não dormia. Somando tudo, foi uma Fase Ruim. Nós duas sabemos que percorri longas distâncias para esquecer a marca singular de mal-estar hormonal e de depressão que ofuscou esse período. Tentei tudo o que podia imaginar para arrancar esse fardo de cima dos meus ombros, mas sempre o encontrava de novo, descendo com tudo a ladeira metafórica da vida, para mais uma vez me esmagar. Você costumava me dizer que ia ficar mais fácil, e eu gritava de volta "Quando?!".

Por fim, me acostumei com o peso, esqueci que o carregava. Comecei a dizer "Tem alguma coisa errada comigo", esquecendo que a) eu era uma adolescente, portanto havia tempestades o tempo todo para mim, e b) um desequilíbrio químico não é uma falha de caráter. Isso não significa que doa menos, é claro, como doeu quando o papai saiu de casa, como doeu quando estávamos falidas, como doeu quando pensei que ficaria presa para sempre naquela cidade que eu odiava. Ainda não acredito que de fato não tenha nada de errado comigo, mas aos poucos estou aceitando a ideia de que são em primeiro lugar as partes "erradas" que tornam as pessoas interessantes.

Passei muitos anos no curioso limbo adolescente de querer ser ao mesmo tempo extraordinária e ordinária, presa num cabo de guerra entre "me destacar" e "me encaixar". Fiquei frustrada que ninguém me "sacava". Acho que por isso fui atrás dos filmes, o meio natural dos esquisitos. Quando penso sobre ser adolescente, penso em sofrimento, mas penso também em outras coisas. Como ouvir a Radio 2 no carro quando você me levava para as consultas com o psiquiatra. Como as inúmeras vezes em que você foi me buscar porque eu tinha desmaiado numa festa na casa de alguém onde você nem sequer sabia que eu estava (me desculpe por isso). Como ir à biblioteca numa tarde de sexta-feira alugar um DVD para o fim de semana. Depois de algum tempo eu percebi que você não assistia porque você gostava de filmes (você não gosta) — você assistia aos filmes porque adorava ficar comigo.

Você sempre acreditou em mim quando eu não acreditei em mim mesma, e você sempre dizia "Eu tenho que fazer isso, eu sou a sua mãe", como se o senso de dever fosse tudo que levasse alguém a agir de um jeito tão abnegado — e você era *mesmo* abnegada, porque sei que não tínhamos muito e sei que tudo o que você tinha, você me dava. Eu sou muito cansativa e não sou alguém fácil de amar, nem quando eu ainda piorava as coisas você deixou de tentar. Nem quando eu era uma escrota (o que suspeito que tenha sido a maior parte do tempo).

Nós duas sabemos que nem sempre é fácil, que *nunca* vai ser fácil. Mas obrigada, no mínimo, por ter me ensinado que, se você for em frente, em algum momento vai conseguir rir das coisas. E, no fim, rir da nossa própria mortalidade e se deslumbrar com o fato de sermos partículas minúsculas e insignificantes de poeira é o melhor que qualquer um de nós pode realmente desejar. Isso é o bastante para mim.

Amor da sua petulante, problemática e eternamente grata filha (mais velha),

Hannah

CARTA Nº 12

ELA TERIA GOSTADO DEMAIS DISSO TUDO

De George Bernard Shaw *para* Stella Campbell

22 de fevereiro de 1913

George Bernard Shaw, nascido em 1856 em Dublin, na Irlanda, era o caçula dos três filhos de George Carr Shaw e Lucinda Elizabeth Gurly Shaw. Em 1872, quando sua mãe, uma cantora profissional, fugiu do marido alcoólatra com as filhas em seu encalço, Shaw permaneceu com o pai em Dublin para continuar trabalhando. Em 1876, querendo mudar de profissão, ele se juntou a elas em Londres e aos poucos se transformou no celebrado dramaturgo e crítico literário que hoje conhecemos — ele é, de fato, considerado até hoje um dos mais importantes dramaturgos. Shaw morou com a sua mãe, "sem o menor atrito de qualquer tipo", até os 42 anos e saiu de debaixo de suas asas para começar sua vida de casado com a ativista política Charlotte Frances Payne-Townshend. Depois do velório de sua mãe, em 1913, Shaw enviou esta carta para sua amiga, a atriz Stella Campbell, descrevendo a cena.

The Mitre, Oxford
22 de fevereiro de 1913

Que dia! Preciso escrever sobre isso para você, porque não há mais ninguém que não odiasse a própria mãe, nem que não odeie os próprios filhos. Se você é uma camponesa italiana ou uma Mulher Maravilha, ainda não descobri; mas por algum motivo sua mãe não era a Inimiga.

Por que um velório sempre afia o nosso senso de humor e desperta o nosso espírito? Este daqui foi um sucesso absoluto. Sem o horror do enterro. Sem enlutados de preto, choramingando e se chafurdando num luto forçado. Ninguém além de mim, Granville Barker e o agente funerário. Já que eu não podia oferecer uma procissão extraordinária, com lindas cores e a vida vibrando e música triunfante, foi melhor sermos nós três. Destaco em particular o agente funerário porque o estado de espírito daquele momento começou por ele. Fui com Barker de metrô até Golders Green e entrei no crematório; e então chegou o agente funerário em seu carro fúnebre, que ele levou (o cavalo, na verdade) de forma conscienciosa, ao ritmo de um velório, ao longo do frio; ainda que minha mãe fosse preferir um trote revigorante. O agente me abordou no papel de um homem alquebrado pelo luto; e eu, que sou casca-grossa e estava com um ânimo lealmente elevado (celebrando, sem comedimento, a lembrança da minha mãe), tentei transmitir a ele que essa enrolação profissional, que era como eu a enxergava, era na verdade desnecessária.

E, ai!, não era uma enrolação profissional afinal. Ele havia feito diversos tipos de trabalhos para ela durante anos e estava mesmo, de fato, perturbado por tê-la perdido, não apenas como cliente, mas como uma pessoa de quem ele gostava e com quem havia se habituado. E o caixão estava coberto por um tecido violeta — não preto.

Preciso reescrever esse serviço funerário; pois há coisas ali que estão mais mortas do que qualquer pessoa para quem foram lidas; mas pedi que ele lesse não só porque o padre precisa ganhar a vida, mas porque, com todos os seus problemas, é ainda a coisa mais bonita que se pode ler. E o padre não soltou a língua nem se apressou do jeito horrível como costuma ocorrer nessas ocasiões. Tendo eu e Barker por sua congregação (e Mamma), ele o fez com seu maior sentimento e sinceridade. Poderíamos tê-lo deixado perfeito tecnicamente com dois ensaios; mas ele foi excelente a seu modo; e eu lhe estendi a mão com uma gratidão sem afetação da melhor forma que pude.

Na passagem "da terra à terra, das cinzas às cinzas, do pó ao pó", houve uma pequena alteração das palavras para fazer sentido ali. Uma porta na parede se abriu, e o caixão violeta passou misteriosamente por ela e desapareceu quando fechou. As pessoas pensam que aquela é a porta do forno crematório, mas não é. Fui para os bastidores no fim do serviço e vi a coisa verdadeira. As pessoas têm medo de vê-la, mas ela é maravilhosa. Lá encontrei o caixão violeta diante de outra porta, uma porta inconfundível de forno crematório. Quando ela subiu, havia uma pequena câmara de cimento e um tijolo refratário. Nenhum calor. Nenhum barulho. Nenhuma corrente de ar soprando. Nenhuma chama. Nenhum combustível. Parecia frio, limpo, ensolarado, ainda que nenhum sol batesse ali. Você teria entrado e colocado a mão ali sem vacilar. Então o caixão violeta se moveu de novo e entrou, primeiro os pés. E, pasme! Os pés, como por milagre, explodiram em fitas contínuas de uma chama adorável, cor de granada, sem fumaça e ávidas, como línguas pentecostais, e conforme passava por ali o caixão todo se punha em chamas, e minha mãe se tornou aquele fogo tão bonito.

A porta fechou, e eles disseram que, se quiséssemos acompanhar tudo até o fim, deveríamos voltar em uma hora e meia. Lembrei da figurinha cansada com seu rosto maravilhoso e pensei "Tempo demais", mas saímos e fomos ao Hampstead Garden Suburb (onde tenho terrenos) e telefonamos para o teatro e deixamos recados e compramos livros e nos divertimos de modo geral.

Aliás, esqueci de contar um incidente. Hayden Coffin [o conhecido ator e cantor] de repente apareceu na capela. Sua mãe também. O final foi divertidíssimo, ela teria gostado demais disso tudo. Quando voltamos, olhamos para baixo, por uma abertura no chão que dava para um andar logo abaixo. Lá vimos uma cozinha espaçosa, com uma grande mesa de cimento e dois cozinheiros ali, ocupados. Eles seguravam pequenas pinças e com muita habilidade e diligência pegavam unhas e pedaços das alças do caixão do meio da pilha delicada de cinzas da Mamma e amostras de osso. A própria Mamma, nesse momento do meu lado e se inclinando para frente, se chacoalhava de rir. Então eles a varreram para uma peneira e a sacolejaram, de forma que restaram uma pilha de poeira e outra de pedaços de osso calcinado. E Mamma falou ao meu ouvido: "Qual das duas pilhas será que eu sou, me pergunto!".

E esse alegre episódio foi o fim, exceto pelo fato de termos feito poeira com os pedaços de osso e espalhado sobre uma cama de flores.

Morte, onde está a tua vitória?

[...]

E então boa noite, amiga que entende de mães, e de outras coisas.

G. B. S.

VIA AÉREA
PAR AVION

CARTA Nº 13

SUA MÃE AMADA

De Mary Isabel Stephens *para* Margaret Mitchell

23 de janeiro de 1919

Em 22 de janeiro de 1919, quatro meses depois de se matricular na faculdade em Northampton, em Massachusetts, Margaret Mitchell, de dezoito anos, recebeu a notícia de que sua mãe — uma conhecida defensora dos direitos das mulheres e presidente da Liga pelo Sufrágio Igualitário da Geórgia — tinha ficado doente devido a uma pandemia mortal de gripe que varria o planeta. Seu pai a orientou a voltar para casa. Foi o que ela fez alguns dias depois, para então ser recebida pelo irmão na estação de trem com a notícia trágica de que sua mãe não havia resistido à pneumonia e falecera no dia anterior. Quando os irmãos, arrasados, voltavam para casa, Mitchell recebeu esta carta escrita por sua mãe. Ainda levaria dezessete anos para que o único romance de Margaret Mitchell, E o vento levou, *tomasse o mundo literário de assalto.*

23 de janeiro de 1919

Querida Margaret,

Pensei em você o dia todo. Ontem você recebeu uma carta dizendo que estou doente. Imagino que seu pai tenha pintado a situação com mão pesada e cores sombrias, e espero não estar tão doente quanto ele pensa. Tenho pneumonia em um pulmão e, não fossem as complicações da gripe, teria tido uma boa chance de recuperação. Mas a sra. Riley teve pneumonia nos dois pulmões e agora está bem e forte. Vamos torcer pelo melhor, mas lembre-se, querida, que caso eu vá agora, este é o melhor momento para ir.

Gostaria de viver mais alguns anos, mas talvez, se eu tivesse esse tempo, teria vivido demais. Não precisa ter pena de mim. Ainda que você pense que a vida me deu muito pouco, tive em minhas mãos tudo o que o mundo pode dar. Tive uma infância feliz e me casei com o homem que quis. Tive filhos que me amaram, como eu os amei. Se eu não desse mais nada a eles, consegui dar aquilo que vai colocá-los no caminho do sucesso mental, moral e talvez financeiro.

Espero vê-la de novo, mas, se não a vir, preciso avisá-la de um erro que uma mulher com o seu temperamento pode cometer. Entregue-se de corpo e alma, mas entregue apenas o que sobrar depois de viver sua própria vida. Não me expressei bem. O que quero dizer é que a sua vida e as suas energias pertencem em primeiro lugar a você, ao seu marido e aos seus filhos. O que sobrar, depois de esses terem sido satisfeitos, você entrega, e com generosidade, mas tenha certeza de não economizar atenção em casa. O seu pai te ama muito, mas não deixe que o pensamento de ficar com ele a impeça de se casar, se você quiser fazê-lo. Ele viveu a vida dele, viva a sua da melhor maneira possível. Meus dois filhos me amaram tanto que não é preciso me estender sobre isso. Vocês fizeram tudo o que podiam por mim e me deram o maior amor que filhos podem dar a seus pais. Cuide do seu pai quando ele ficar velho, como cuidei da minha mãe. Mas nunca deixe que a vida dele, ou de qualquer outra pessoa, interfira na sua vida real. Adeus, querida, e, se você não me vir mais, lembre-se de mim como eu era em Nova York.

Sua mãe amada

"TIVE EM MINHAS MÃOS TUDO O QUE O MUNDO PODE DAR."

MARY ISABEL STEPHENS

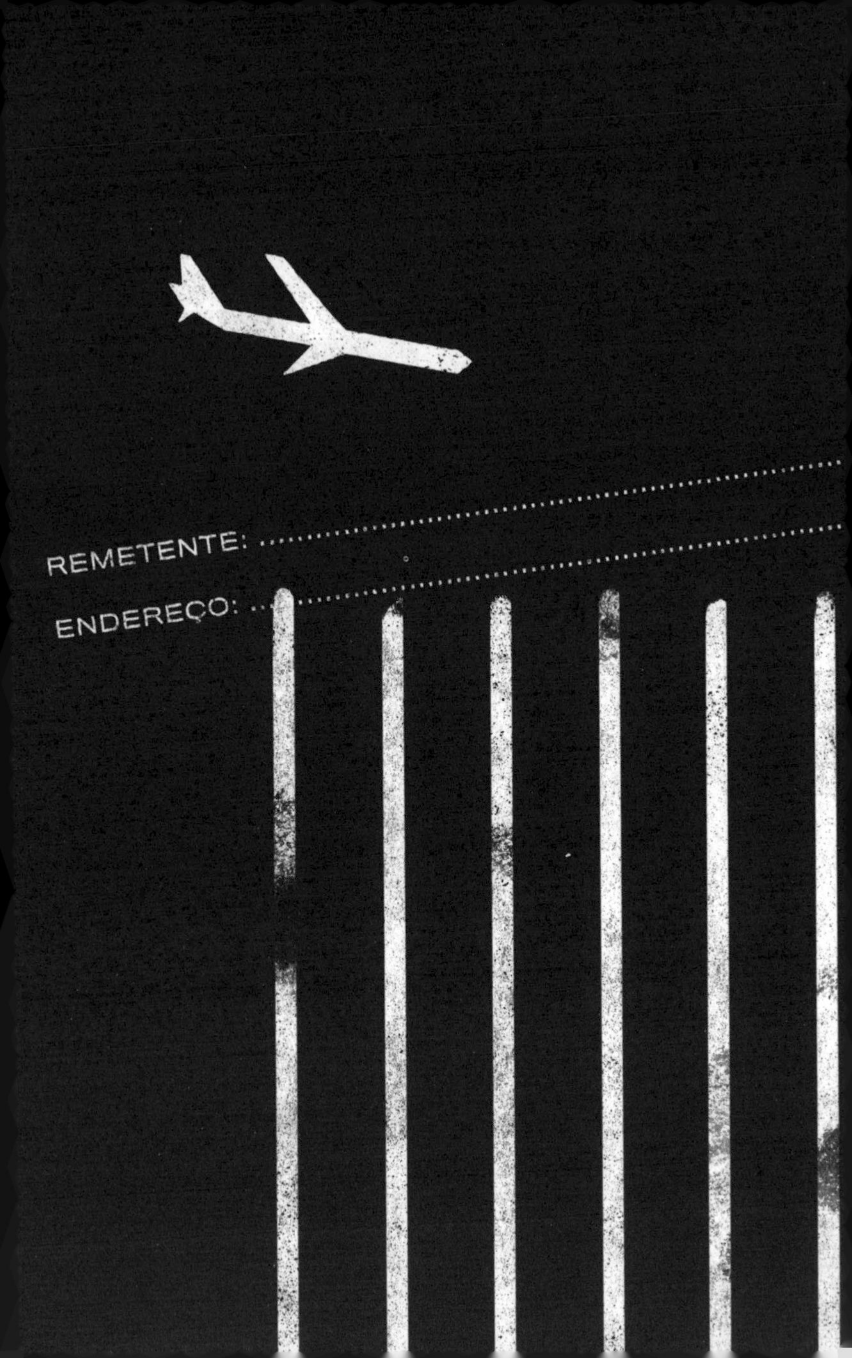
REMETENTE:
ENDEREÇO:

CARTA Nº 14

A VERDADE É QUE PREFERI… VIVER

De Otto Lara Resende e Helena Lara Resende (Heleninha) *para* Helena Pinheiro de Lara Resende

22 de novembro de 1967

Jornalista, escritor e um dos grandes missivistas brasileiros, Otto Lara Resende serviu como adido cultural na Embaixada do Brasil em Portugal de meados de 1967 a 1969. Em dezembro, pouco depois de chegar a Lisboa, sua mulher, Helena Pinheiro de Lara Resende, descobriu que estava grávida do quarto filho. Na verdade, uma menina, que nasceria no dia 24 de julho de 1968 e receberia o nome de Helena Lara Resende (Heleninha). Nesta carta, Otto dá voz ao bebê e faz uma saborosa brincadeira com as iniciais dos nomes de André, Bruno e Cristiana, irmãos da criança que está a caminho.

Lisboa, 22 de novembro de 1967

Desculpe a intimidade, dona Helena, mas...

Mamãe,

Sei perfeitamente os aborrecimentos e os transtornos que já lhe estou dando. Por minha vontade, creia, jamais viria perturbar ainda mais a sua vida e a do doutor Otto, isto é, do papai. Tenho certeza, porém, de que muito breve teremos estabelecido melhores relações e desde já lhe prometo ser o mais bem-comportado possível enquanto tivermos que viver nesta estreita intimidade em que nos encontramos. Apesar da guerra no mundo, apesar da fome e de todas as calamidades, apesar dos pesares, ouvindo como ouço tanta gente dizer que a vida não vale a pena, a verdade é que preferi... viver. E tive a sorte de vir cair exatamente na sua família, dona Helena, isto é, mamãe. Sei quanto estão satisfeitos o André, o Bruno e a Cristiana, que não tiveram a sorte que eu tenho.

Pois eu, além de mãe adorável e de um pai bacana, vou ter três irmãos logo de saída — e que irmãos!, quase dois pais e uma mãe, o que temos de concordar que é o máximo. Na hipótese, pouco provável, de ser dentuça, sei de antemão pelo que aconteceu ao Bruno, que não faz mal, pois dona Helena saberá corrigir o meu sorriso para rivalizar com o mais lindo sorriso do mundo. Na verdade, já estou na maior alegria.

Só saber que vou nascer, nascer!, já pensou que acontecimento? A única nuvem no meu espírito é saber que a senhora está preocupada e nervosa e que o clima na família não é muito favorável à minha chegada. Não tenham medo, sou brasileiro e vou dizendo logo que detesto Lisboa, já estou louco para "voltarmos" para o Brasil.

Lembranças ao ABC e vá escolhendo um D para mim, senão o Bruno me batiza mesmo de Godofredo...

Seu caçulinha pele que vos adora

X

ENTREGA ESPECIAL

CARTA Nº 15

TENHO A MELHOR MÃE DO MUNDO

De Martin Luther King Jr. *para* Alberta King Williams

Outubro de 1948

Poucas pessoas lutaram tanto pela situação deplorável dos afro-americanos quanto Martin Luther King Jr., o pastor e ativista que passou a maior parte de sua curta vida liderando o Movimento pelos Direitos Civis e só foi detido por uma bala, em Memphis, em 1968. Ele nasceu em 15 de janeiro de 1929 em Atlanta, na Geórgia, com o nome de Michael King Jr., e, apenas cinco anos depois, seu pai, o reverendo Michael King, mudou para Martin o nome de ambos. King Jr. adorava sua mãe, Alberta, e contou isso a ela em 1948, em seu primeiro período no Seminário Teológico Crozer em Upland, na Pensilvânia, quando escreveu a ela esta carta. Seis anos depois da morte de seu filho, ela foi tragicamente assassinada quando estava sentada ao órgão da igreja, por um homem que alegava ser um enviado de Deus.

Querida mãe,

Sua carta foi recebida nesta manhã. Eu sempre digo aos rapazes daqui do campus que eu tenho a melhor mãe do mundo. Você nunca vai saber o quanto sou grato pelas tantas coisas gentis que você e o papai estão fazendo por mim. Por enquanto, tenho recebido o dinheiro (cinco dólares) toda semana.

Quanto a querer os clippings dos jornais, minha resposta é sim. Fiquei me perguntando por que você não mandou muitos, principalmente do *Atlanta World*.

Você afirma que as minhas cartas não são informativas o suficiente. Bom, não tenho tantas novidades. Nunca vou muito a lugar nenhum, exceto nesses livros. Às vezes o professor entra na sala e pede que leiamos nosso [*riscado, ilegível*] exercício em hebraico, e é muito difícil.

Sabe a garota que eu namorava em Spelman (Gloria Royster)? Ela vai à escola em Temple e fui encontrá-la duas vezes. Também conheci uma moça bacana em Fila que ficou louca pelo meninão. Desde que Barbor disse aos membros da igreja dele que a minha família é rica, as garotas não saem do meu pé. É claro, eu nem penso nelas porque estou muito ocupado estudando.

Tenho jantado na casa do Barbor com frequência. Ele é muito divertido e tem uma das melhores cabeças que já conheci.

Não tive tempo de entrar em contato com nenhum amigo de vocês daqui. Talvez eu faça isso em breve.

Espero que vocês expliquem aos irmãos por que não escrevi a nenhum deles. Vou escrever uma carta para a igreja inteira na próxima semana. Ela deve chegar no ~~quarto~~ [primeiro] domingo.

Tenho notícias da Christine [*irmã de King*] toda semana. Tento responder sempre que possível. Espero que ela dê um jeito de se adaptar a esse fluxo.

O reverendo Ray esteve aqui na convenção do estado na sexta-feira. Ele me disse para ir vê-lo quando estiver pronto. Ele vai visitar você e o papai em novembro.

Bom, acho que preciso voltar a estudar. Mande meus cumprimentos a todos.

Seu filho,
M. L.

"NUNCA VOU MUITO A LUGAR NENHUM, EXCETO NESSES LIVROS."

MARTIN LUTHER KING JR.

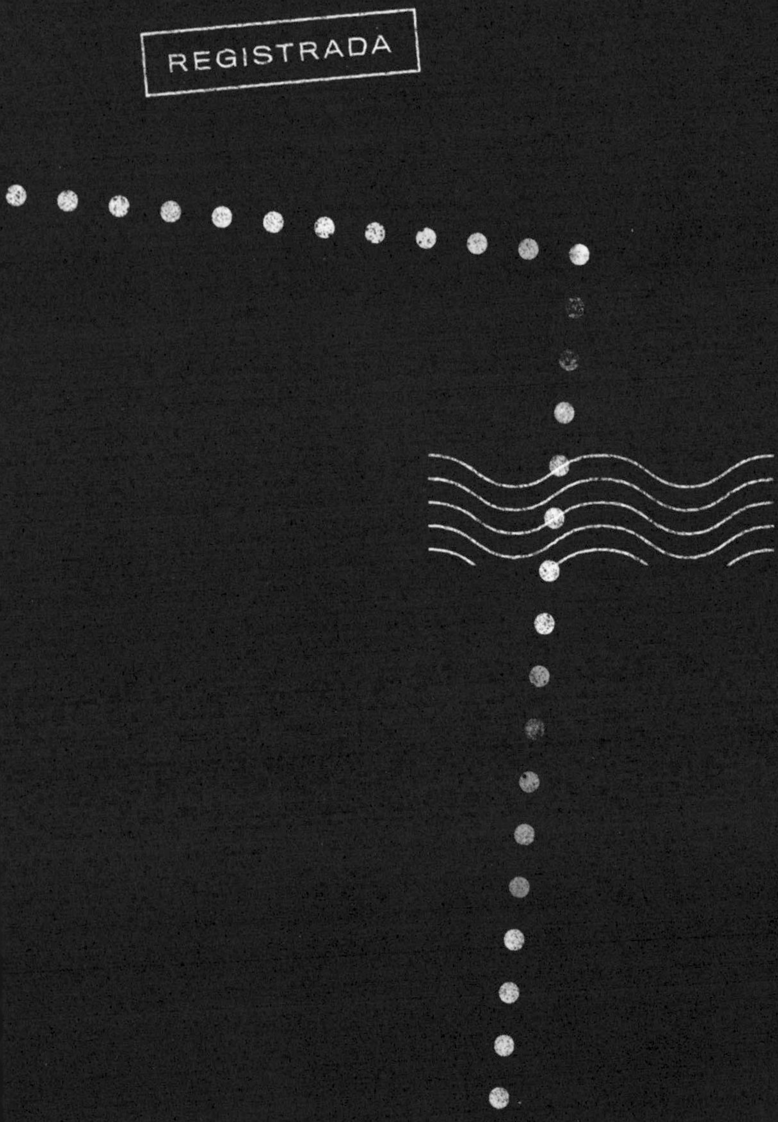
REGISTRADA

CARTA Nº 16

ESTOU ESPERANDO VOCÊ

De Sylvia Plath *para* Aurelia Plath

23 de abril de 1956

Em 1956, a poeta americana Sylvia Plath recebeu uma bolsa para estudar na Universidade de Cambridge, o que a levou a centenas de quilômetros de distância de sua mãe, Aurelia. O relacionamento delas era intenso e complicado, difícil de ser compreendido por quem estava de fora. O pai de Sylvia, Otto, morreu quando ela tinha oito anos, e depois disso ela fez a mãe prometer que não se casaria de novo. Seu romance A redoma de vidro *foi publicado em 1963. Claramente autobiográfico, faz um retrato pouco lisonjeiro da mãe da protagonista, o que não passou uma boa imagem de Aurelia; e, no entanto, nas cartas de Sylvia para sua mãe, das quais existem centenas, é possível sentir o amor que sentiam uma pela outra. Esta carta em especial foi escrita no ano de sua mudança para a Inglaterra, depois de uma curta viagem pela Europa, bem quando ela estava se apaixonando por Ted Hughes. Eles se casariam dois meses depois. Em menos de sete anos, Sylvia acabaria com a própria vida.*

23 de abril de 1956

Querida mãe,

Bem, finalmente a American Express se corrigiu e me mandou sua carta de Roma... Nossas cabeças certamente trabalham na mesma frequência!

[...] Eu já tinha planejado ficar três noites em Londres e tinha escrito para reservar um quarto para nós; vamos apenas comer e conversar no dia que você chegar, mas para os próximos dois vou conseguir uns ingressos de teatro e vamos programar excursões para parques floridos, Piccadilly, Trafalgar Square... caminhar, passear, alimentar os pombos e tomar sol como amêijoas felizes. Depois, para Cambridge, onde já reservei um quarto para você para dois dias... Contratei um dos meus rapazes grandes e fortes para me ensinar a conduzir um barco a vara antes de você chegar, então uma tarde você vai sair do seu quarto no lindo Garden House Hotel direto para o rio Cam e vai ser levada de barco até Granchester, através de salgueiros-chorões, para tomar chá em um pomar! Não se preocupe com nada. Apenas me diga o que você prefere fazer e você será atendida...

Você, sozinha, mais que qualquer outra pessoa, carregou algumas cruzes que teriam feito muitas mulheres mais fortes desmoronar debaixo do fardo sem fim. Você aguentou a morte dura e longa do papai e assumiu tarefas masculinas; você lutou contra seus ataques de úlcera, manteve a nós, as crianças, protegidas e felizes, nos enriqueceu com aulas de arte e música, acampamento e brincadeiras; você me viu atravessar aquela noite sombria em que a única palavra que eu conhecia era Não e quando eu pensava que nunca mais conseguiria escrever nem pensar de novo; e você foi corajosa durante a sua própria operação. Agora, quando você começa a respirar, você se depara com essa dor terrível, lenta e arrastada, quase como se fosse muito fácil libertá-la tão cedo do mais profundo e exaustivo cuidado que há e do amor que você deu.

[...] saiba, com uma certeza interior, que *você* também merece estar com as pessoas que a amam e podem lhe dar força nas dificuldades: Warren e eu mesma. Pense em sua viagem para cá como uma viagem para o centro da força na figura de sua filha que te ama mais do que palavras podem descrever. Estou esperando você, e sua viagem será para o crescimento e a saúde da sua própria alma. Você precisa... de um contexto em que os fardos não estarão todos sobre os seus ombros, em que uma pessoa carinhosa vem levantar aquele que for mais pesado, caminhar ao seu lado. Saiba disso, e que é bom você vir. Você precisa se impregnar de poder, saúde e serenidade para voltar ao seu trabalho...

Sinto com toda minha vida e alegria que posso te dar essas qualidades, do meu coração cheio até o topo. Então venha, e vamos passear com calma por jardins verdes e nos maravilhar com esse mundo doce e estranho.

Sua amada sivvy

CARTA Nº 17

QUERIDO WINSTON, ESTOU MUITO TRISTE COM VOCÊ

Jennie Churchill e Winston Churchill

12 de junho de 1890

Em 1890, meio século antes de ter conduzido o Reino Unido à vitória contra a Alemanha nazista na Segunda Guerra Mundial, o futuro primeiro-ministro Winston Churchill era um adolescente de quinze anos que se distraía fácil e com baixo desempenho escolar, empurrando a vida com a barriga na London's Harrow School, onde ele morava durante o período de aulas. Em junho daquele ano, sua mãe, Lady Randolph Churchill, conhecida por sua austeridade — e a quem ele afirmava ter amado "muito, mas à distância" —, se deparou com um boletim que a deixou bem pouco entusiasmada. Sendo alguém que não media as palavras, ela reagiu escrevendo para o filho esta carta franca, como de costume, uma das muitas que enviou a ele ao longo dos anos. A resposta de Winston chegou uma semana depois.

12 de junho de 1890
Connaught Place, 2

Querido Winston,

Estou enviando esta carta por Everest [babá de Winston], que vai ver como você está. Eu iria até aí encontrá-lo — mas tenho tantas coisas para organizar para a festa em Ascot na próxima semana que não vou conseguir.

Tenho muito a dizer a você, temo que nada muito agradável. Você sabe, querido, como eu odeio te criticar, mas desta vez não consigo me conter. Em primeiro lugar, seu pai está muito bravo por você não ter agradecido o presente de cinco libras por uma semana inteira e depois por ter escrito uma carta desleixada e indiferente.

Seu boletim, que anexo aqui, é, como você pode ver, muito ruim. Seu empenho é tão irregular e desarmonioso, que você provavelmente vai ser o último — veja em qual posição você está na sala! Seu pai & eu estamos ambos muito mais decepcionados do que somos capazes de dizer. Se ao menos você estivesse em um lugar melhor na sua sala & fosse um pouco mais metódico, eu poderia tentar & encontrar uma desculpa para você.

Querido Winston, estou muito triste com você — eu tinha tantas esperanças para você & sentia tanto orgulho — & agora tudo se foi. Meu único consolo é que você tem um bom comportamento e é um filho afetuoso — mas os seus resultados são um insulto à sua inteligência. Se você ao menos traçasse um plano de ação para você & o executasse & estivesse determinado a fazê-lo — tenho certeza de que você conquistaria qualquer coisa que quisesse. É essa sua imprudência que é sua maior inimiga.

Não direi mais nada agora, mas, Winston, você tem idade suficiente para entender como isso é sério para você — & como o próximo ano ou dois & o uso que você fizer deles vão afetar toda a sua vida. Pare & reflita sobre isso consigo mesmo & tome alguma atitude antes que seja tarde demais. Você sabe, meu menino querido, que sempre vou te ajudar em tudo que puder.

Sua carinhosa, mas aflita
Mãe

[19 de junho de 1890]
[Harrow]

Minha querida mamãe,

Não tinha escrito até agora porque poderia escrever uma carta muito maior. Não vou tentar me desculpar por não ter estudado exaustivamente, porque sei que, com tanta coisa acontecendo por aqui, fui bastante preguiçoso.

Consequentemente, quando o mês acabou veio o estrondo, meu boletim estava ruim & fui mencionado em relatórios etc. etc. Isso faz mais de três semanas, e nos próximos meses eu devo ficar com um boletim bom, por ter tido de entregar relatórios diários para o sr. Davidson duas vezes por semana e eles têm sido muito bons, de modo geral.

E, sobre não ter respondido à carta do papai — eu o fiz naquela mesma noite & a entreguei para o mensageiro colocar na caixa de correio & dei uma gorjeta a ele também.

Não pude colocá-la eu mesmo porque foi depois do toque de recolher. Acredito que ele tenha esquecido e não a postou no correio antes de muitos dias terem se passado. Minha mamãe, posso lhe dizer que a sua carta me feriu muito. Ainda temos muito tempo até o fim do ano e vou fazer o meu melhor no tempo que resta. [...]

Adeus, minha querida,
Sigo com amor, do seu
Winston S. Churchill

CARTA Nº 18

A HISTÓRIA VEM DE DENTRO DE VOCÊ

De Laura Dern *para* Jaya Dern

2017

Filha dos atores Diane Ladd e Bruce Dern, Laura Dern, que nasceu em 1967 em Los Angeles, aos dois anos de idade era cuidada por sua mãe e sua avó e morava com elas. Tendo passado tanto tempo nos sets de filmagens de seus pais, parecia natural que Dern um dia seguisse seus passos, e foi exatamente o que fez quando estreou na tela na tenra idade dos seis anos, ao lado de sua mãe, no filme de ação Sob o signo da vingança. *Graças a papéis em filmes como* Veludo azul, Jurassic Park *e* História de um casamento *e à série de televisão recente* Big Little Lies, *ela se tornou um nome bastante conhecido. Em 2001 ela teve um menino; três anos depois teve uma filha. Em 2017, com a ideia da condição feminina em mente, ela escreveu para sua filha adolescente a seguinte carta.*

Querida Jaya,

Recentemente tenho pensado bastante no que significa ser mulher hoje. Uma mulher dona de si, empoderada, livre dos rótulos estabelecidos por outras pessoas. E, como parte desse processo, pensei no que eu via quando tinha a sua idade.

Os anos 1970 foram uma nova época, em termos culturais. Ao contrário das mulheres da geração da minha avó, que deviam fazer escolhas a partir de algumas poucas opções de vida, minha mãe e suas amigas faziam parte da revolução em que as mulheres deixaram claro que não estavam satisfeitas com as limitações — elas queriam fazer tudo. Embora a sociedade estivesse começando a aceitar isso, pensava-se que aquelas que tentassem fazer tudo iam fracassar em absolutamente todas as coisas.

Então, a minha reação quando fiquei mais velha foi decidir que, ainda que eu pudesse fazer tudo, ia me concentrar em apenas uma coisa por vez. O peso que eu decidi carregar era me esforçar o tempo todo para não falhar. E estou contando isso porque quero ter certeza de que assim você não cria limitações para você.

Passei muito tempo da vida pensando "Está bem, vou ser atriz, mas tenho que dar tudo de mim, então provavelmente não vou conseguir também ter um relacionamento que vai dar certo" ou "Logo vou ser mãe, então vou ter que desistir de ser atriz" ou "Sou casada, então vou dar um tempo na minha carreira e ser uma 'boa esposa' e apoiar meu marido".

Há pouco tempo acompanhamos a candidatura de uma mulher à presidência, e as pessoas nos disseram "Ah, sim, ela é brilhante, ela poderia ser presidente, mas ela é fria, então não deve ser uma boa esposa nem mãe. Ela não é compreensiva". Por quê? Porque ela é brilhante? Eu sei que isso confundiu a nós duas. É um absurdo que, ao se definir como uma coisa, você diminui a sua habilidade em ser todas as outras. Nesse clima estranho, comecei a perceber que se concentrar em uma coisa como um esforço para não fracassar em mais nada era um peso que eu carregava. Eu queria ser uma mulher que faz tudo, não importa no que isso daria.

Jaya, me toquei de uma coisa recentemente, e ela me inspirou nesses últimos tempos. É isto: a vida é assustadora e é gloriosa. Nunca vai ser possível fazer tudo certo. Você vai acabar bagunçando tudo de um jeito delicioso, e isso vai ser parte do processo de descobrir quem você é.

Existe uma força gigantesca manipulando a sua geração — chamada mídias sociais, e ela está te criando tanto quanto eu. Essa outra mãe tem muita influência sobre você e ela está dizendo que o seu valor é definido de acordo com quantas pessoas seguem você. Ela também está dizendo o que é beleza e quais são as extravagâncias que tornam a vida divertida.

O que as mídias sociais estão contando neste momento a vocês, meninas, são as duas histórias que nos aprisionam: o preto e o branco. Em um dos extremos, tudo é perfeito e leve e todos estão rodeados de amigos. O outro lado do espectro parece glamorizar a depressão mais sombria e a solidão. Mas eu quero que você saiba que grande parte da sua vida vai acontecer nas zonas cinzentas entre a epifania e o coração despedaçado, entre ter tudo organizado em seu lugar e ver tudo espalhado pelo chão. É aí que está a graça.

Quero que você acredite em si mesma e preste atenção em si mesma quando mal estiver conseguindo ficar de pé. Quero que você consiga conversar com amigos sobre as zonas cinzentas deles e consiga desabafar sobre as suas sem medo de ser julgada. Você vai se dar bem e vai se dar mal em igual medida. As duas experiências são importantes. As duas vão te definir. O fato é que, no momento em que eu me rendi ao fluxo da bagunça que é a vida, tudo se juntou de uma forma maravilhosa: meu anseio pela arte, minhas habilidades como atriz e as minhas capacidades como amiga e mãe.

A beleza de ser mulher hoje está em saborear os detalhes da vida, todos os momentos que acrescentam algo a você. A alegria que você vai descobrir em assumir o seu corpo, sua sexualidade e sua sensualidade, seja no trabalho, na arte, na maternidade. Você deve se desviar dos seus próprios obstáculos e escrever sua própria história — e não ser encaixada numa narrativa que você acha que vai levá-la pelo caminho mais fácil do sucesso ou que vai render mais curtidas. Quero que você viva num espaço que seja a sua própria bagunça maravilhosa. A história vem de dentro de você.

Com amor,
Mamãe

"A VIDA É ASSUSTADORA E É GLORIOSA."

LAURA DERN

SELO

R Nº ______

CARTA Nº 19

O QUE É UM MINUTO?

Tina LeBlanc Sadoski e sr. Rogers

17 de agosto de 1988

Em 19 de fevereiro de 1968, Mister Rogers' Neighborhood *[O bairro do sr. Rogers] estreou no canal PBS, nos Estados Unidos, lançando em todo o país Fred Rogers, o apresentador que logo seria amado por todos, um homem inacreditavelmente calmo e agradável que passaria os 39 anos seguintes ensinando a milhões de crianças uma miríade de assuntos e se tornaria mais um membro da família em muitas casas. Rogers era um homem de múltiplos talentos — responsável não apenas por apresentar o programa, mas também por produzi-lo e por escrever cada episódio. Ele inclusive dublava os bonecos e compunha a música, incluindo o famoso tema "Won't You Be My Neighbor?". Ele também respondia aos milhares de cartas que recebia todo ano dos espectadores, que gostava de chamar de seus "amigos da televisão". Em agosto de 1988, recebeu uma carta de uma mulher chamada Tina LeBlanc Sadoski, cuja filha estava hospitalizada. Rogers logo respondeu, para mãe e filha, e escreveu muitas vezes mais enquanto durou o tratamento da menina. Lamentavelmente, Michelle Sadoski morreu em janeiro de 1990.*

Caro sr. Rogers,

Nossa filha Michelle, de cinco anos e meio, tem um tumor cerebral inoperável. Nossa única esperança de remover o tumor é com radioterapia. Na primeira sessão de seu tratamento de radioterapia, ela gritou e chorou quando descobriu que devia ficar sozinha na sala. Ela ficou tão chateada que não conseguiram ministrar o tratamento.

No dia seguinte, o médico nos deu um remédio para sedá-la. Era para ter feito ela dormir. Quando chegamos ao hospital, ela ainda estava bem acordada. Todos nós tentamos convencê-la a fazer a sessão, mas ela chorou de novo e disse que não. Nós ficávamos explicando que só levaria um minuto e trinta segundos de cada lado.

Ela enfim me perguntou: "O que é um minuto?". Eu sei que foi com a graça de Deus que consegui pensar em como explicar para ela o que era um minuto. Olhei para o meu relógio e comecei a cantar, "*It's a beautiful day in this neighborhood, a beautiful day for a neighbor…*" e, antes que conseguisse acabar a música, eu disse "Ops! Já acabou o minuto. Não consegui nem terminar a música do sr. Rogers". E então Michelle disse, "É isso um minuto? Tudo bem, posso entrar". E entrou. Ela ficou deitada, quietinha, durante toda a sessão, mas havia um truque. Eu devo cantar a sua música todas as vezes pelo comunicador da sala de radioterapia. É muito constrangedor, mas eu faço isso com prazer por ela. A essa altura, todos os médicos e técnicos da radioterapia conhecem a sua música.

Queria apenas dividir isso com o senhor e dizer que seu trabalho com todas as crianças é maravilhoso. O senhor muda a vida delas de tantas maneiras que nem imagina.

Mãe da Michelle

MISTER ROGERS' NEIGHBORHOOD
Agosto de 1988

Querida Michelle,

Foi um prazer conhecê-la através da carta da sua mãe. Fico feliz que você goste tanto das nossas visitas televisivas.

Sua mãe me contou que você tem câncer e precisou fazer radioterapia. Deve ter um monte de coisas difíceis no hospital. Michelle, espero que você consiga conversar sobre o que está sentindo com a sua família e com as pessoas do hospital — quando você estiver brava ou triste ou com medo ou feliz. Isso é o que eu chamo de "conversa importante".

Fiquei muito contente que nossa música "Won't You Be My Neighbor" a tenha ajudado tanto durante a radioterapia. Quero mandar a você uma fita da música gravada, junto com alguns outros presentes. E vou pensar em você quando cantar essa canção.

Michelle, tem muitas pessoas que se preocupam com você. Sua família se preocupa com você. As pessoas do hospital se preocupam com você. E eu me preocupo com você, como um amigo da televisão. Você torna cada dia especial para as pessoas que se preocupam com você — apenas porque você é você.

Todos nós daqui do programa desejamos o melhor para você.

Seu amigo da televisão,
sr. Rogers

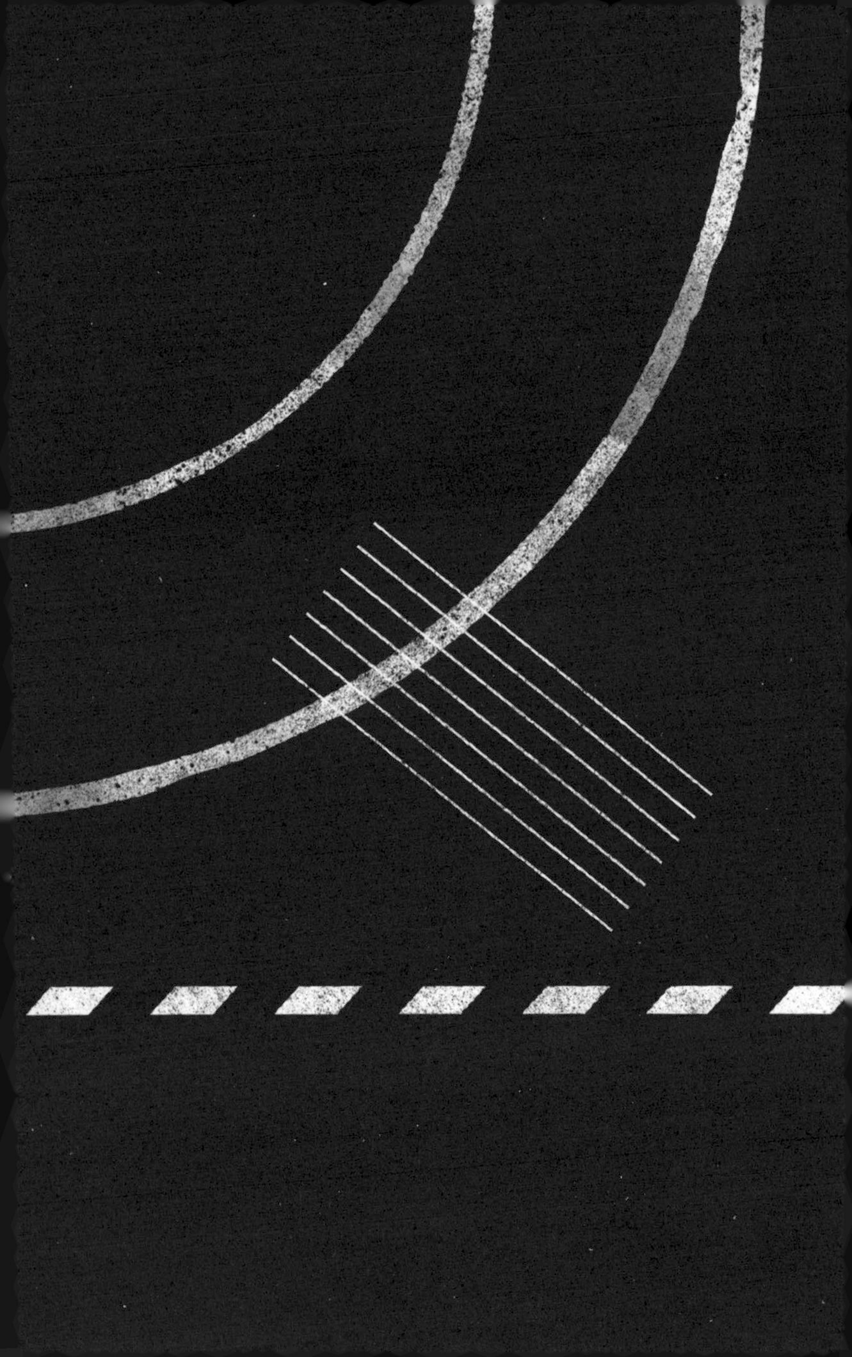

CARTA Nº 20

O AMOR DE MÃE NÃO PRECISA DE EXPLICAÇÃO

De Richard Wagner *para* Johanna Wagner

25 de julho de 1835

O compositor alemão Richard Wagner tinha apenas seis meses quando seu pai morreu, deixando sua mãe, Johanna, sozinha com seus nove filhos. A mãe de Wagner não acreditava no talento musical do filho e o incentivava a se dedicar a uma educação tradicional, mas ele era um aluno indiferente e se lançou a uma vida libertina de bebida, apostas e devassidão. Chegou ao fundo do poço numa noite em que perdeu a pensão de sua mãe numa aposta, e depois a ganhou de volta; em seguida, confessou tudo à mãe e prometeu mudar de vida. Ele escreveu esta carta quando tinha 22 anos. Ela morreu em 1848, depois de viver o suficiente para ver seu caçula conquistar certo sucesso em sua área e apenas meses antes de ele completar o primeiro rascunho do libreto de seu ciclo épico de óperas O anel de Nibelungo.

Carlsbad, 25 de julho de 1835

Apenas na senhora, querida mãe, consigo pensar com o amor mais sincero e a mais profunda emoção. Irmãos e irmãs, eu sei, devem encontrar seu caminho — cada um olha por si, para o seu futuro e para as adjacências ligadas a ambos. É assim, e eu mesmo sinto isso: chega um momento em que os caminhos se afastam — quando nossas relações são governadas apenas do ponto de vista da vida exterior; nós nos tornamos meros diplomatas que acenam a cabeça um ao outro, mantendo o silêncio no lugar em que o silêncio parece político e falando quando nossa opinião sobre um assunto o exige; e, estando longe uns dos outros, é quando mais falamos. Mas, ah, como o amor de uma mãe se sobrepõe a tudo isso!

Sem dúvida também pertenço ao grupo dos que não conseguem sempre se pronunciar quando assim dita seu coração — senão você conheceria um lado meu muito mais sensível. Mas os meus sentimentos continuam sendo os mesmos — e, veja, mãe, agora que eu a deixei, o sentimento de gratidão por esse amor imenso seu por seu filho, que a senhora de novo demonstrou a ele de modo tão caloroso e terno outro dia, me domina de tal forma que eu com prazer escreveria, não, contaria à senhora sobre ele com um tom tão doce quanto aquele de alguém apaixonado para o seu amado. Sim, e ainda mais doce — pois o amor de uma mãe não é ainda mais — ainda mais imaculado que qualquer outro?

Não, aqui não vou filosofar — quero apenas agradecer-lhe, e mais uma vez, agradecer-lhe — e eu adoraria poder enumerar todas as provas de amor pelas quais sou grato — não fossem elas tantas. Ah, sim, eu sei muito bem que nenhum coração anseia por mim agora com tanta simpatia ou solicitude quanto o seu; sim, que talvez ele seja o único que olhe por cada passo meu — e não, em verdade, friamente, para criticá-lo — não, mas para rezar por ele. Não foi a senhora a única que permaneceu fiel a mim, sem hesitação, enquanto outros, me julgando por pequenos resultados aparentes, filosoficamente me viraram a face? Seria de fato inclemente ao extremo ter de pedir um pouco de afeto a todos eles; sei mesmo que isso não é possível — e sei disso por mim mesmo: mas com *a senhora*, todas as questões do coração, esse bom e querido coração que peço a Deus para manter sempre favorável a mim — pois eu sei que, ainda que tudo me abandone, ele ainda seria meu último e mais querido refúgio. Ah, mãe, se a senhora morresse antes do seu tempo, antes de eu haver provado por inteiro que sou um filho digno, de gratidão sem limites, a senhora exibiu um amor tão imenso! Mas não, isso não pode se dar; a senhora ainda deve experimentar frutos abundantes. Ah, a lembrança da semana mais recente com a senhora; é um verdadeiro festim para mim, tão agradável, trazer à alma cada símbolo do seu cuidado tão amoroso! Minha querida, querida mãe — que desgraçado eu seria se me afastasse da senhora!

No futuro comunicarei apenas o mínimo dos meus afazeres à família — eles julgam pelos resultados aparentes e saberão deles sem minha ajuda. Para além de como isso se deu, sou independente agora e assim pretendo permanecer. Ah, aquela modéstia diante de Brockhaus ficou gravada a fundo no meu coração, e minhas autocríticas amargas me torturam, que eu devo ter dado a ele o direito de me diminuir. Ficarei quite com ele logo, mas nunca, nunca concordarei com ele; e caso seja errado de minha parte, prefiro levar esse erro comigo ao túmulo: eu me afasto deles completamente. Não é possível que os dois lados estejam certos, e eu estava errado — no entanto, nunca vou admitir — *para eles*, mas me colocarei em uma situação em que não terei nada a admitir a eles — sendo minha grande falha mais recente a de ter prejudicado a mim mesmo, dado a eles algum pequeno direito em relação a mim. Quanto a isso, estamos tão distantes que seria um absurdo que eu quisesse estar de acordo com ele. No entanto, como aprecio essa catástrofe, que me permitiu reconhecer que não há nada que eu possa esperar de ninguém neste mundo, mas devo me sustentar por conta própria! Sinto-me, enfim, independente, era esse o sentimento que me faltava, e essa falta fazia de mim negligente e tranquilo; — eu tinha uma vaga dependência de um patrocinador, que de forma insensata não se restringia a Apel, mas também tomava outras direções fantásticas, que quase me fazem rir da minha estupidez. Agora estou desiludido disso tudo, e feliz por estar assim. Minha delicadeza precisava dessas experiências — que me serão úteis de variadas formas. Apenas imploro de imediato que me neguem qualquer simpatia — isso me enfureceria; — a senhora, seu coração, seu amor serão meu único recurso, meu refúgio e esperança em toda dificuldade da minha vida futura. O amor de mãe não precisa de explicação — todos os outros tentam compreender por que amam, e por isso se tornam nada além de estima.

Estive em Teplice e Praga, e lá não encontrei nada além da confirmação do meu plano de não ir a Viena e o conselho de seguir na direção que eu já perseguia. Moritz estava em Praga e me deu algumas dicas nesse sentido. Em Praga escrevi a todas as pessoas pelas quais tenho interesse, para saber de antemão o que têm pensado de mim e não tomar nenhum caminho em vão. Devo receber suas respostas em Nuremberg, para onde vou amanhã ou depois, pois estou apenas aguardando uma carta de Magdeburg para finalizar meus negócios aqui. Devo fazer uma parada em Nuremberg; no momento em que uma companhia se dissolve, sempre se descobre algo; — além disso, os Wolfram podem me passar algumas informações, de modo que sua opinião talvez me poupe uma ou duas viagens.

Minha querida, querida mãe — meu bom anjo —, adeus do meu coração, e não se preocupe — a senhora tem um filho grato que nunca, nunca esquecerá a importância que a senhora tem para ele. — Com as mais doces lembranças, Teu RICHARD.

CARTA Nº 21

FAÇAM SUAS VIDAS VALEREM A PENA

De Julie Yip-Williams *para* Mia e Isabelle

Julho de 2017

Em 19 de março de 2018, aos 38 anos e quase cinco anos depois de ter sido diagnosticada com câncer de cólon estágio IV, *Julie Yip-Williams morreu, deixando um marido e duas filhas. Seus primeiros anos de vida tinham sido tudo menos fáceis: nasceu cega no Vietnã e aos dois meses quase foi sacrificada por sugestão da avó, que a considerava defeituosa; anos depois, quando já era uma criança mais velha, foi de barco com a família e centenas de outros refugiados para Hong Kong, em busca de uma vida melhor e, por fim, se instalou nos Estados Unidos, onde sua vida melhorou drasticamente. Logo fez uma cirurgia que lhe concedeu visão parcial. Estudou em Harvard e se tornou uma advogada bem-sucedida, mas então, aos trinta e poucos anos, foi tomada pela doença que a mataria. Foi quando começou a escrever um blog que ficou famoso sobre sua experiência com o câncer, que depois foi publicado em livro. Um ano antes de falecer, Yip-Williams escreveu uma carta para suas filhas.*

Queridas Mia e Isabelle,

Já resolvi todos os problemas logísticos relacionados à minha morte em que consegui pensar — estou contratando uma cozinheira por um valor razoável para vocês e para o papai; deixei uma lista de instruções sobre quem é o dentista de vocês e sobre quando a mensalidade da escola deve ser paga, quando renovar o aluguel do violino, o contato do afinador do piano. Nos próximos dias, vou fazer vídeos sobre todos os detalhes mais complicados do apartamento, para que todos saibam onde estão os purificadores de ar e que tipo de ração o Chipper come. Mas percebi que essas coisas são o de menos, fáceis de resolver, mas relativamente sem importância, ah, que mundano.

Percebi que falharia completamente com vocês como mãe se não tentasse diminuir a dor que vocês vão sentir por me perder, se nem ao menos tentasse tratar das questões que provavelmente serão as principais da sua juventude. Vocês serão para sempre as crianças que perderam a mãe para o câncer, as pessoas vão olhar para vocês com um misto de simpatia e piedade (o que vocês sem dúvida vão detestar, mesmo que a intenção seja boa). A morte da mãe de vocês vai grudar no tecido das suas vidas como uma mancha impossível de disfarçar ou então como um quadro vivo perfeito. Vocês vão perguntar, ao olhar em volta e ver que todas as outras pessoas ainda têm seus pais, "Por que a minha mãe teve que ficar doente e morrer? Não é justo", vocês vão chorar. E vão querer tanto que eu esteja presente para abraçá-las quando um amigo for cruel com vocês, para ir junto com vocês furar a orelha, para sentar na primeira fileira e aplaudir muito nas apresentações musicais da escola, para ser aquela mãe chata que insiste em tirar mais uma foto na formatura, para ajudar vocês a se vestirem no dia do seu casamento, para cuidar do seu bebê recém-nascido para vocês conseguirem dormir. E a cada vez que sentirem a minha falta, vocês vão sentir a dor mais uma vez e vão se perguntar por quê.

Não sei se o que eu tenho para dizer pode de alguma forma diminuir a dor. Mas seria muita negligência se eu não tentasse.

Minha professora de história da sétima série, sra. Olson, uma professora meio maluca e excêntrica mas fantástica, costumava rebater nossas reclamações adolescentes de "Isso não é justo" (por exemplo, quando ela dava uma prova surpresa ou quando brincávamos de "Jogo do injusto", como chamávamos), dizendo: "A vida não é justa. Acostumem-se com isso". Por algum motivo, crescemos achando que deveria existir alguma justiça, que as pessoas deveriam ser tratadas de modo justo, que deveria haver igualdade de tratamento e oportunidade. Essa expectativa deve ter origem na experiência de crescer em um país rico em que as leis estão bastante bem estabelecidas. Já na tenra idade dos cinco anos, vocês duas ficavam berrando por justiça, como se isso fosse um direito fundamental (como ao dizer que não era justo que Belle fosse ao cinema e Mia, não). Então talvez essas expectativas de justiça e equidade já nasçam programadas na mente humana e na nossa bússola moral. Não sei ao certo.

O que eu sei é que a sra. Olson estava certa. A vida não é justa. Seria ingênuo ter uma expectativa de justiça, ao menos no que diz respeito a questões de vida e morte, questões fora do escopo da lei, questões que não podem ser programadas ou definidas pelo homem, questões que claramente são do domínio de Deus, da sorte, do destino ou de alguma outra força desconhecida e incompreensível.

Embora eu não tenha crescido sem mãe, sofri de um jeito diferente e entendi, quando era ainda mais nova que vocês, que a vida não é justa. Eu olhava para as outras crianças que conseguiam dirigir, jogar tênis e não tinham que usar uma lupa para ler, e isso me machucava de uma forma que talvez vocês consigam entender agora. As pessoas olhavam para mim com pena também, o que eu detestava. Também me negaram oportunidades; eu era sempre quem fazia os pontos, mas nunca jogava na Educação Física. Minha mãe achava que não valia a pena me colocar na aula de mandarim depois do inglês, como os meus irmãos, porque ela pensava que eu não conseguiria enxergar os caracteres.

(É claro que, depois, estudei mandarim durante a faculdade, e estudei fora, e o meu mandarim se tornou melhor que o dos meus irmãos.) Para uma criança, não há nada pior do que ser diferente, nesse jeito negativo e de dar pena. Eu estava sempre triste. Chorava de raiva, sozinha. Como vocês, também tinha a minha perda, a perda da visão, o que significa perder muitas outras coisas. Sofria. Perguntava por quê. Odiava a injustiça de tudo isso.

Minhas queridas filhinhas, eu não tenho a resposta do porquê, pelo menos não agora e não nesta vida. Mas sei que existe um valor inacreditável na dor e no sofrimento, se vocês se permitirem vivê-los, chorar, sentir tristeza e luto, sofrer. Caminhem através do fogo e vocês vão sair do outro lado maiores e mais fortes. Prometo. No fim vocês vão encontrar verdade, beleza, conhecimento e paz. Vão entender que nada dura para sempre, nem a dor nem a alegria. Vão entender que a alegria não existe sem a tristeza. O alívio não existe sem a dor. A compaixão não existe sem a crueldade. A coragem não existe sem o medo. A esperança não existe sem o desespero. O conhecimento não existe sem o sofrimento. A gratidão não existe sem a privação. São muitos os paradoxos desta vida. Viver é um exercício de percorrê-los.

Fui privada da visão. E, no entanto, essa pequena condição física infeliz me tornou uma pessoa melhor. Em vez de me paralisar com pena de mim mesma, me tornou mais ambiciosa. Me fez mais sagaz. Mais esperta. Me ensinou a pedir ajuda, a não ter vergonha da minha deficiência física. Me obrigou a ser honesta comigo mesma e com as minhas limitações, e até a ser honesta com os outros. Me ensinou a ter força e resiliência.

Vocês serão privadas da sua mãe. Como sua mãe, eu desejaria conseguir proteger vocês da dor. Mas, também como sua mãe, quero que vocês sintam a dor, vivam-na, abracem-na e aprendam com ela. Sejam mais fortes por causa dela, pois vocês vão saber que carregam a minha força dentro de vocês. Sejam mais compreensivas por causa dela; tenham empatia por aqueles que sofrem à sua maneira. Gozem a vida e toda sua beleza por causa da dor; vivam com entusiasmo e um zelo especial por mim. Sejam gratas como o são apenas as pessoas que perderam sua mãe tão cedo, compreendendo a precariedade e a preciosidade da vida. Esse é o desafio que lanço a vocês, minhas meninas queridas, pegar uma tragédia horrível e transformá-la em uma fonte de beleza, amor, força, coragem e conhecimento.

Muitos podem discordar, mas eu sempre acreditei, sempre, mesmo quando era uma menininha precoce chorando sozinha na minha cama, que nosso objetivo nesta vida é experimentar tudo o que for possível, entender da condição humana tanto quanto for possível no tempo de uma vida, por mais longa ou curta que ela seja. Estamos aqui para sentir o espectro complexo de emoções que fazem parte da experiência humana. E, com essas experiências, nossas almas expandem, crescem, aprendem e mudam, e nós entendemos um pouco mais sobre o que de fato significa ser humano. Eu chamo isso de evolução da alma. Saibam que a vida da sua mãe foi inacreditável, que teve uma quantidade muito maior de dor e sofrimento do que seria "justo", primeiro por causa da cegueira, depois pelo câncer. E eu permiti que essa dor e esse sofrimento me definissem, me mudassem, mas para melhor.

Nesses anos depois do meu diagnóstico, conheci um amor e uma compaixão que não tinha imaginado possíveis; testemunhei e experimentei eu mesma os mais altos graus de cuidado humano, o que me comoveu ao extremo e me incentivou a me tornar uma pessoa melhor. Descobri um medo mortal, que é o de desmoronar, e superei esse medo e encontrei coragem. As lições que a cegueira e depois o câncer me ensinaram são muitas para que eu as conte aqui, mas espero, quando vocês lerem o que vem a seguir, que entendam como é possível ser transformado de uma maneira positiva pela tragédia e que entendam o verdadeiro valor do sofrimento. O valor de uma pessoa não está no número de anos que ela viveu, mas na capacidade que teve em absorver as lições dessa vida, de entender e destrinchar os múltiplos e confusos aspectos da experiência humana. Ainda que, se pudesse escolher, eu preferisse ficar com vocês por muito mais tempo, se vocês aprenderem com a minha morte, se vocês aceitarem meu desafio de serem pessoas melhores por causa da minha morte, isso então traria uma imensa alegria e paz ao meu espírito.

Vocês vão se sentir sozinhas e solitárias, e, no entanto, vão entender que não estão sozinhas. É verdade que caminhamos sozinhos pela vida, porque nossos sentimentos são singulares e cada um faz suas próprias escolhas. Mas é possível pedir ajuda e encontrar outras pessoas parecidas com vocês, e ao fazer isso não vão se sentir tão solitárias. Esse é mais um dos paradoxos da vida que vão aprender a atravessar. Em primeiro lugar, e antes de tudo, vocês têm uma a outra em que se apoiar. Vocês são irmãs, e isso cria entre vocês um laço de sangue e experiências sem igual. Busquem consolo uma na outra. Sempre perdoem e amem uma a outra. E tem também o papai. E tem também Titi e tio Mau e tia Nancy e tia Caroline e tia Sue e tantos amigos queridos, que me conheceram e me amaram muito — que pensam em vocês, rezam por vocês e se preocupam com vocês. A energia de todas essas pessoas próximas está ao redor de vocês, para que vocês não se sintam tão sozinhas.

E, por fim, para onde quer que eu vá, uma parte de mim estará sempre com vocês. O meu sangue corre dentro de vocês. Vocês herdaram o que de melhor existe em mim. Ainda que eu não vá estar aqui fisicamente, vou olhar por vocês.

Às vezes, quando vocês estão ensaiando com seus instrumentos, eu fecho os olhos para poder ouvir melhor. E então, quando faço isso, costumo ser tomada por essa certeza absoluta de que, quando vocês tocarem o violino ou o piano, quando os tocarem com paixão e compromisso, a música, com seu poder especial, vai acenar para mim e eu estarei ali. Estarei sentada bem ali, incentivando vocês a tocarem de novo, e de novo, e de novo, contando o tempo, ajeitando o cotovelo, mostrando como sentar direito. E então eu vou abraçá-las e dizer que vocês foram muito bem e como estou orgulhosa de vocês. Prometo. Muito tempo depois de vocês terem decidido parar de tocar, vou me aproximar de vocês nesses momentos ordinários e extraordinários da vida, quando estiverem vivendo com uma paixão e um compromisso imensos. Pode acontecer no topo de uma montanha, quando estiverem extasiadas com a beleza e bastante orgulhosas por terem conseguido chegar lá ou quando estiverem com seu bebê no colo pela primeira vez ou quando estiverem chorando porque algo ou alguém machucou o coração doce de vocês ou talvez quando estiverem virando a noite para a escola ou para o trabalho. Saibam que sua mãe já se sentiu como vocês estão se sentindo e que estarei ali, abraçando vocês e dando força para continuarem. Prometo.

Várias vezes sonhei que, quando eu morrer, finalmente vou saber o que é enxergar o mundo sem a deficiência visual, olhar coisas distantes, ver os mínimos detalhes de um pássaro ou dirigir um carro. Ah, mal posso esperar para ter uma visão perfeita, depois de todos esses anos. Torço para que a morte me torne completa, me dê o que me foi negado nesta vida. Eu acredito que esse sonho vai se realizar. Da mesma forma, quando chegar a hora de vocês, estarei lá esperando por vocês, para que vocês também recebam o que foi tirado de vocês. Prometo. Mas, nesse meio-tempo, vivam, minhas filhinhas queridas. Façam suas vidas valerem a pena. Vivam profunda e completamente, de uma forma atenciosa, com gratidão e coragem e sabedoria. Vivam!

Amo vocês duas para sempre e além, ao infinito, através do espaço e do tempo. Nunca, jamais esqueçam disso.

Mamãe

CARTA Nº 22

POR FAVOR, CONTE LOGO À SUA MÃE

De G. K. Chesterton *para* Marie Louise Chesterton

1900

Em 1900, o escritor inglês Gilbert Keith Chesterton, então com 26 anos, se viu diante de um problema: estava profundamente apaixonado por uma moça chamada Frances Blogg, e já fazia algum tempo, e na verdade gostava tanto dela que queria se casar com ela. No entanto, sua mãe, uma personagem formidável, tinha outros planos para ele: tanto que já tinha escolhido sua esposa, a doce filha de uma amiga sua, Annie Firmin. E então, um dia, sentado em frente à sua mãe à mesa da cozinha, ele lhe escreveu uma carta em que explicava os apuros em que se encontrava. Deve ter funcionado, pois G. K. Chesterton e Frances Blogg se casaram no ano seguinte. Ficaram juntos até a morte de Chesterton, em 1936.

Rosebery Villas, 1
Granville Road
Felixstowe

Minha querida mãe,

A senhora talvez pense que esta é uma atitude um tanto excêntrica. A senhora está sentada à minha frente, falando — sobre a srta. Berline. Mas opto por este método de me comunicar com a senhora porque me ocorreu que talvez a senhora queira pensar um pouco sobre o assunto antes de me escrever ou de falar comigo sobre ele.

Vou lhe contar toda a situação, na qual acredito ter agido de modo correto, ainda que eu não esteja absolutamente certo sobre isso, e pedir seu conselho. Foi uma situação de certa forma complicada, e repito que não sei se poderia ter agido de outra forma, mas se eu fosse o maior tolo dos três reinos e tivesse me metido em uma confusão imensa, há apenas uma pessoa a quem eu sempre procuraria e em quem confiaria. As mães sabem mais das besteiras dos seus filhos do que as outras pessoas são capazes de saber, e isso tem sido especialmente verdadeiro no seu caso. Eu sempre me alegrei com isso, e não me envergonhei disso: isso sempre foi verdade e continuará sendo. É mais fácil escrever do que falar essas coisas, mas a senhora sabe que é verdade, não sabe?

Não consigo expressar a minha ansiedade em saber que a senhora acredita que fiz o meu melhor e tive sempre em mente de que forma a senhora seria afetada pela carta que agora escrevo. Espero que a senhora fique feliz.

Há quase oito anos, a senhora fez uma observação — isso deve mostrar que, se nós "zombamos" das suas observações, ainda nos lembramos delas. A observação dizia respeito a uma suposta jovem por quem eu deveria me apaixonar e foi expressa da seguinte forma, "Se ela for boa, não vou me importar com quem ela é". Não sei quantas vezes repeti isso para mim mesmo nos últimos dois ou três dias, enquanto me decidia a escrever esta carta.

Não se assuste nem imagine que algo chocante ou definitivo aconteceu. Não estou casado, querida mãe, nem noivo. A senhora foi chamada ao conselho dos chefes num momento bastante inicial das deliberações. Se não se importa, vou contar resumidamente toda a história.

A senhora é, eu acho, a pessoa mais perspicaz que já conheci: por isso, não imagino que a senhora pense que vou até o Bedford Park todos os domingos para ver a paisagem. Não quero ficar pensando se a senhora sabe quase tudo do assunto que posso contar em uma carta. Basta dizer que, ainda que tenha sido breve (pois nenhum de nós gosta de falso entusiasmo: esta carta não é sobre a srta. Ratcliffe) o primeiro momento de aproximação dos Blogg, de uma amizade muito íntima, mas bastante relaxada e platônica com Frances Blogg, de leituras, conversas e desfrutar da vida juntos, encontrando diversos gostos em comum nos mais variados assuntos; e no segundo momento fiz a descoberta excitante, porém dolorosamente consciente, de que não havia em mim qualquer disposição para o platonismo. É esta a situação em que estamos. Ninguém sabe, além da família dela e da senhora. Minha querida mãe, tenho certeza de que a senhora, no mínimo, não é contra.

Nós de fato amamos um ao outro mais do que jamais conseguiremos dizer. Eu contive os sentimentalismos nesta carta — pois não acho que a senhora goste muito deles. Mas o amor é diferente do sentimentalismo, e a senhora não pode rir disso. Não digo que a senhora seguramente gostará de Frances, como todos os rapazes dizem para suas mães, é claro, e suas mães nunca acreditam neles, é claro. Além disso, estou tão confiante que gostaria que a senhora mesma a conhecesse. Ela é, na verdade, exatamente o tipo de mulher de que a senhora gosta, o que se chama, eu acho, "Mulher Forte", muito engraçada, inconsequente, compreensiva e não corrompida por uma exuberância ofensiva de sua boa saúde.

Não tenho mais nada a dizer, exceto que você e ela têm ocupado minha cabeça na última semana, impedindo qualquer outro pensamento, o que deve ser a razão da minha abstração, e que ela me escreveu, em sua carta, a seguinte mensagem: "Por favor, conte logo à sua mãe. Diga a ela que não sou tola de esperar que ela me ache boa o suficiente, mas eu realmente vou tentar ser".

Uma intenção que, do meu ponto de vista, inspira um sorriso espontaneamente.

E você acaba de me passar uma xícara de chocolate. Obrigado.

Acredite em mim, minha querida mãe,

Seu filho, sempre carinhoso,
Gilbert

"AS MÃES SABEM MAIS DAS BESTEIRAS DOS SEUS FILHOS DO QUE AS OUTRAS PESSOAS SÃO CAPAZES DE SABER."

G. K. CHESTERTON

VIA AÉREA
PAR AVION

CARTA Nº 23

ESTAREI SEMPRE COM VOCÊ

De Milada Horáková *para* Jana Horáková

26 de junho de 1950

Em 8 de junho de 1950, nove meses depois de ter sido presa pela polícia secreta tcheca por suspeita de chefiar um plano para derrubar o regime comunista, a política socialista de 48 anos Milada Horáková foi considerada culpada de "alta traição" após um julgamento espetacular transmitido na rádio nacional, no qual ela manteve uma postura provocadora. No dia 27 daquele mês, apesar do apelo internacional e de uma petição assinada, entre outros, por Albert Einstein e Winston Churchill, Milada Horáková foi executada na prisão Pankrác, em Praga. Na noite anterior à sua morte, ela escreveu uma carta para sua filha de dezesseis anos, Jana. Em 1991, o presidente Václav Havel concedeu a ela, postumamente, a Ordem de Tomáš Garrigue Masaryk (Primeira Classe).

Minha única menininha, Jana,

Deus abençoou a minha vida de mulher com você. Como seu pai escreveu no poema da prisão alemã, Deus nos deu você porque ele nos amava. Além do amor mágico e maravilhoso do seu pai, você é o maior presente que ganhei do destino. No entanto, a Providência planejou minha vida de tal forma que eu não conseguisse lhe dar tudo o que a minha mente e o meu coração prepararam para você. O motivo não é que eu a ame pouco; eu a amo tão pura e ardentemente quanto as outras mães amam seus filhos. Mas entendi que a minha tarefa aqui neste mundo era fazer o bem a você buscando que a vida fosse melhor e todas as crianças pudessem viver bem. E por isso tantas vezes tivemos de ficar longe por muito tempo. Já é a segunda vez que o Destino nos separa. Não fique assustada nem triste por eu não voltar mais. Aprenda, minha filha, a desde cedo ver a vida como uma coisa séria. A vida é dura, ela não paparica ninguém, e a cada afago te dá outros dez tapas. Acostume-se logo, mas não deixe que isso a derrube. Escolha a luta. Tenha coragem e objetivos claros, e você vai ganhar da vida. Muita coisa ainda não está clara na sua cabecinha, e não tenho tempo de lhe explicar coisas que você ainda gostaria de me perguntar. Um dia, quando você crescer, vai ficar se perguntando por que sua mãe, que a amava e para quem você era o maior presente de todos, levou sua vida de um jeito tão estranho. Talvez, então, você encontre uma boa resposta para esse problema, talvez uma melhor do que eu poderia dar hoje. Claro, você só será capaz de responder isso correta e verdadeiramente quando já tiver muito conhecimento. Não só dos livros, mas das pessoas; aprenda com todas as pessoas, mesmo as menos importantes! Corra o mundo com olhos abertos e preste atenção não só às suas próprias dores e interesses, mas também às dores, aos interesses e anseios dos outros. Nunca pense que alguma coisa não diz respeito a você. Não, tudo deve dizer respeito a você, e você deve pensar a respeito de tudo, comparar, compor fenômenos individuais. Não se vive sozinho no mundo; e nisso reside uma felicidade imensa, mas também uma tremenda responsabilidade. Essa obrigação é, antes de tudo, não ser e agir só para você mesma, mas, em vez disso, se unir às necessidades e aos objetivos dos outros. Isso não significa se perder na multidão, mas saber que se é parte do todo e dar o seu melhor para essa comunidade. Se você fizer isso, vai conseguir contribuir para os objetivos comuns da sociedade humana. Preste atenção a um princípio mais do que eu o fiz: conduza todas as ações de um jeito construtivo — atenção à negação desnecessária —, não estou dizendo que toda negação o seja, porque eu acredito ser preciso resistir ao mal. Mas para ser uma pessoa positiva de verdade em todas as circunstâncias, é fundamental aprender que nem tudo que reluz é ouro. É difícil, por vezes o brilho é muito atraente. Eu confesso, minha menina, que com frequência fui atraída por esse brilho. E às vezes ele reluzia de um jeito tão enganoso que se podia deixar cair o ouro verdadeiro da própria mão para ir atrás do que se revelava ouro falso. Você sabe que, para bem definir a escala de valor de alguém, é necessário não apenas se conhecer bem, ser firme na análise do caráter, mas também conhecer os outros, conhecer o mundo tanto quanto possível, seu passado, presente e futuro. Bem, para resumir, conhecer, entender. Não fechar os ouvidos diante de nada e por motivo algum — nem mesmo para afastar os pensamentos e as opiniões de alguém que pisou no meu calo ou me machucou profundamente. Observe, pense, critique, sim, sobretudo critique a si mesma, não tenha vergonha de admitir algo que você acabou de perceber, mesmo que tenha defendido o oposto momentos antes; não se torne intransigente nas suas opiniões, mas quando você concluir que algo é certo, então seja tão irredutível a ponto de lutar e até morrer por isso. Como disse Wolker, a morte não é ruim. Apenas evite a morte gradual, que é o que acontece quando alguém se descobre de repente distante da vida real dos outros. Você precisa criar raízes onde o destino determinou que você viveria. Você precisa fazer a sua própria vida. Procure-a com independência, não deixe que nada a afaste disso, nem mesmo a memória da sua mãe e do seu pai. Se você os ama de verdade, não vai machucá-los tendo um olhar crítico sobre eles — apenas não pegue um caminho errado, desonesto e que não combina com a vida. Eu mudei de opinião muitas vezes, revi meus valores, mas o que ficou como um valor essencial, sem o qual não conseguiria imaginar a minha vida, é a minha liberdade de consciência. Eu gostaria que você, minha menininha, pensasse se eu estava certa.

Outro valor é o trabalho. Não sei dizer qual deve estar em primeiro e qual em segundo lugar. Aprenda a amar o trabalho! Qualquer trabalho, mas um deles você vai ter de saber bem e por completo. Então não tenha medo de nada, e tudo vai dar certo para você.

E não se esqueça do amor na sua vida. Não penso só no botão vermelho que um dia vai florescer no seu coração e você, se o destino a ajudar, vai encontrar um parecido no coração de outra pessoa, com quem seu caminho vai se unir. Penso também no amor sem o qual não se pode ser feliz. E nunca regule a quantidade de amor — aprenda a oferecê-lo de verdade e por inteiro. E aprenda a amar sobretudo os que pouco despertam o amor — assim você não deve se enganar. Minha menininha Jana, quando você for escolher por quem seu puro coração vai arder e para quem realmente se entregar, lembre-se do seu pai.

Não sei se você vai ter tanta sorte quanto eu, não sei se você vai encontrar um ser humano tão bonito, mas determine que seu ideal seja parecido com ele. Talvez, minha pequena, você já tenha começado a entender, e agora talvez entenda como é doloroso o que perdemos com ele. O mais duro para mim de suportar é que eu também me sinto culpada por essa perda.

Tenha consciência do imenso amor e sacrifício que Pepik e Veruska dedicam a você. Você não deve ser apenas grata a eles… deve ajudá-los a construir a sua felicidade comum de um jeito positivo e construtivo. Sempre queira dar mais a eles pelo bem que eles fazem a você. Talvez assim você consiga compensar a bondade e a gentileza deles.

Soube pelo meu representante legal que você está indo bem na escola, e que você quer continuar… Fiquei muito feliz. Mas, mesmo que um dia você precise sair da escola e trabalhar para seu sustento, não pare de aprender e de estudar. Se você de fato quiser, vai atingir seu objetivo.

Gostaria que você se tornasse médica — lembra que falamos disso. É claro que você mesma vai decidir isso, e as circunstâncias também. Mas, se um dia estiver na tradicional alma mater e levar para casa, da sua formatura, não só seu diploma de medicina, mas também a habilidade real de trazer alívio às pessoas como médica — então, minha menininha… sua mãe ficará tão contente… Mas sua mãe só estaria… completamente feliz, não importa onde você estiver, seja na mesa de cirurgia, em um… torno mecânico, no berço do seu filho ou na sua mesa de trabalho em casa, se você fizer o seu trabalho com habilidade, honestidade, alegria e com todo o seu ser. Assim você será bem-sucedida. Não seja exigente, mas tenha objetivos elevados. Um "não" depende do outro, pois o que eu chamo de exigência são aquelas noções e necessidades egoístas. Guarde-as para si. Entenda que, diante do desastre e da tristeza que aconteceram a você, Vera, Pepicek, vovó e vovô... e muitos outros vão tentar lhe dar tudo o que eles têm e mesmo o que não têm. Você não apenas não deve pedir isso a eles, como também deve aprender a ser modesta. Se você se acostumar com isso, não será infeliz por causa de coisas materiais que não tem. Você não imagina como é possível se sentir livre ao se obrigar à modéstia... como já se sai em vantagem contra os fracos e como se está muito mais seguro e mais forte. Eu realmente tentei fazer isso. E, se você consegue então duplicar a sua força, consegue definir objetivos elevados e corajosos... Leia muito e aprenda línguas. Dessa forma você vai ampliar a sua vida e multiplicar o seu conteúdo. Houve um tempo em que eu lia de forma voraz, e houve outros momentos em que o trabalho não me deixava sequer pegar um livro na mão, além das leituras para o trabalho. Isso foi uma pena. Aqui, nos últimos meses, tenho lido muito, mesmo livros que talvez não me interessassem do lado de fora, mas é uma tarefa grande e importante ler tudo que tenha algum valor ou pelo menos uma boa quantidade. Vou anotar para você no final desta carta o que li nos últimos meses. Tenho certeza de que vai pensar em mim quando você mesma os estiver lendo.

E agora, falemos sobre o seu corpo. Fico feliz que você esteja empenhada nos esportes. Faça isso de maneira sistemática. Acho que você deve fazer alguns exercícios de ritmo, e, se tiver tempo, também ginástica sistemática. E aqueles quinze minutos todas as manhãs! Acredite em mim, se conseguir mesmo, isso vai te poupar um monte de incômodos com proporções desfavoráveis da cintura. Também é bom para exercitar seu empenho e sua perseverança. Cuide também do seu rosto com frequência — não me refiro à maquiagem, Deus do céu, mas a cuidados diários. E cuide do seu pescoço e dos seus pés assim como do seu rosto e dos lábios. A escova é a sua melhor amiga, todos os dias, e não apenas para as suas mãos e pés; use-a em cada pedacinho da sua pele. Álcool salicílico e Fennydin, isso é suficiente para a beleza, e também o ar livre e o sol. Mas você vai encontrar melhores conselheiros que eu nesse assunto.

Sua fotografia me mostrou seu novo penteado; está bonito, mas não é uma pena esconder sua linda testa? E que moça com o vestido de festa! Você estava mesmo muito bonita, mas o olho de sua mãe notou um pequeno defeito, que talvez se deva à sua posição na fotografia — o decote não estava profundo demais para os seus dezesseis anos? Sinto muito por não ter visto a foto do seu novo casaco de inverno. Você usou o regalo da sua tia como gola de pele? Não exagere, mas sempre que possível se vista bem e de modo elegante. E não use os sapatos até eles ficarem gastos demais! Você está usando palmilhas? E como está a sua tireoide? É claro que essas perguntas não exigem resposta, são apenas lembretes da sua mãe para você.

Na prisão em Leipzig li um livro — as cartas de Maria Teresa para sua filha Maria Antonieta. Fiquei muito impressionada com o jeito prático e feminino que essa governante mostrou nos conselhos para sua filha. O original era em alemão e não me lembro do nome do autor. Se algum dia se deparar com esse livro, lembre-se que foi quando o li que decidi que também lhe escreveria cartas com as minhas experiências e os meus conselhos. Infelizmente não consegui ir além da boa intenção.

Janinko, por favor, tome conta direitinho do vovô Kral e da vovó Horáková. Os corações velhos deles precisam muito serem consolados agora. Visite-os sempre e deixe que eles lhe contem sobre a juventude da sua mãe e do seu pai, assim você poderá guardá-la na memória para contar aos seus filhos. É dessa forma que uma pessoa se torna imortal, e vamos continuar em você e nos outros que tiverem o seu sangue.

E mais uma coisa — música. Acredito que você vá demonstrar sua gratidão ao vovô Horak pelo piano que ele lhe deu se estudar de verdade e que você vai conseguir fazer o que Pepik tanto quer, que é acompanhá-lo enquanto ele toca violino ou viola. Por favor, faça isso por ele. Eu sei que isso significaria muito para ele, e seria lindo. E quando vocês estiverem tocando bem juntos, toquem para mim a ária de *Martha*, "A última rosa", e então "Durma, meu pequeno príncipe", de Mozart, e depois o largo preferido do seu pai, "Sob a sua janela", de Chopin. Você vai tocar para mim, não vai? Sempre a ouvirei.

Só uma última coisa: escolha bem os seus amigos. Somos muito influenciados, entre outras coisas, pelas pessoas de quem nos aproximamos. Por isso escolha com atenção. Preste atenção a tudo e ouça as opiniões dos outros sobre suas amigas, sem preconceito. Nunca vou me esquecer da sua carta encantadora (hoje posso te contar) que você um dia deixou em cima do meu travesseiro, para se desculpar por eu tê-la pegado pela primeira vez no portão com uma menina e um menino. Você me explicou na época por que era preciso ter uma turma. Tenha a sua turma, minha menina, mas de jovens bons e decentes. E disputem um com o outro somente nas coisas boas. Por favor, apenas não confunda a paixonite de jovens na flor da idade com amor verdadeiro. Você me entende? Se não, tia Vera vai explicar o que eu quero dizer. E, então, minha única filhinha, minha menininha Jana, minha vida, minha esperança, meu perdão futuro, viva! Agarre a vida com as duas mãos! Rezarei para a sua felicidade até o meu último suspiro, minha filha querida!

Beijo seus cabelos, seus olhos e sua boca, faço carinho em você e a seguro em meus braços (eu de fato a abracei tão pouco). Estarei sempre com você. Encerro copiando de memória o poema que seu pai escreveu para voce na prisão em 1940...

Aqui, seguiam o poema escrito por seu marido sobre o nascimento da filha deles — de paradeiro desconhecido — e uma lista de livros.

ENTREGA ESPECIAL

CARTA Nº 24

MINHA MISSÃO NA TERRA JÁ FOI CUMPRIDA

De Vivian Rosewarne *para* sua mãe

1940

Em maio de 1940, Vivian Rosewarne, piloto de 23 anos da RAF inglesa (Força Aérea Real), foi morto na Batalha de Dunkirk quando o bombardeiro Wellington, *que ele copilotava, foi derrubado ao sobrevoar a Bélgica. Logo depois da morte de Rosewarne, seu comandante, o capitão Claude Hilton Keith, encontrou uma carta não selada entre seus pertences, a ser entregue à mãe de Rosewarne por sua morte. Sua mãe ficou tão impactada pela carta, assim como as pessoas para quem ela a mostrou, que no mês seguinte autorizou que a carta fosse publicada anonimamente no* The Times, *e os leitores a ovacionaram. De fato, a carta se tornou tão popular que foi publicada como livro, e apenas naquele ano 500 mil exemplares foram vendidos.*

Querida mãe:

Ainda que eu não sinta qualquer tipo de premonição, os acontecimentos ocorrem em alta velocidade e eu deixei a instrução de que esta carta seja entregue a você caso eu não consiga retornar de um dos ataques que logo seremos chamados a realizar. Você deve manter as esperanças por um mês, mas ao final desse período deve aceitar o fato de que eu passei minha tarefa adiante para as mãos extremamente capazes dos meus companheiros da Força Real Aérea, assim como muitos colegas espetaculares já fizeram.

Em primeiro lugar, você deve encontrar conforto em saber que o meu papel nesta guerra foi de grande importância. Nossa patrulha pelo mar do Norte ajudou a manter abertas as rotas de comércio para nossos navios de comboio e de suprimentos, e em uma ocasião nossa informação foi essencial para salvar a vida de homens em um navio de resgate num farol minado. Ainda que seja difícil para você, você vai me decepcionar se nem ao menos tentar aceitar os fatos sem a dor da paixão, pois eu cumpri minha missão com o máximo da minha habilidade. Homem algum pode mais que isso, e ninguém que se acredite um homem pode fazer menos.

Sempre admirei sua imensa coragem diante de contratempos sem fim; na melhor educação e formação do país que você me proporcionou; e sempre manteve a cabeça erguida, sem perder a fé no futuro. Minha morte não deve significar que sua luta foi em vão. Longe disso. Significa que o seu sacrifício é tão grande quanto o meu. Aqueles que servem a Inglaterra nada devem esperar dela; nós diminuímos nosso próprio valor se entendemos nosso país como um mero lugar onde comemos e dormimos.

A história ecoa os nomes ilustres que deram tudo de si; e foram os seus sacrifícios que resultaram no Império Britânico, em que uma boa medida de paz, justiça e liberdade está disponível para todos e em que se desenvolveu, e ainda está desenvolvendo, uma civilização mais avançada do que em qualquer outro lugar. Mas isso não diz respeito apenas ao nosso país. Hoje estamos diante do maior desafio organizado ao cristianismo e à civilização que já foi visto, e considero ter tido sorte e ter sido honrado de possuir a idade correta e o treinamento adequado para poder somar todo o meu esforço nessa luta. Eu lhe agradeço por isso. No entanto, ainda há mais trabalho a ser feito. Aqueles que ficaram em nosso país devem permanecer unidos por anos depois de a guerra ter sido vencida. Contra tudo de ruim que se pode falar dela, ainda defendo que esta guerra é uma coisa boa: cada pessoa está tendo a chance de dar e apostar tudo por seu princípio, como os mártires de antigamente. Não importa o tempo que passar, uma coisa nunca vai ser alterada — terei vivido e morrido como um inglês. Nada mais importa ou pode mudar isso.

Você não deve guardar luto por mim, pois, se acredita mesmo na religião e em tudo o que ela implica, isso seria hipocrisia. Não tenho medo da morte, sinto só um alvoroço esquisito... Não gostaria que fosse de outra forma. O universo é tão vasto e atemporal que a vida de um homem só pode ser justificada com a medida do seu sacrifício. Somos mandados a este mundo para adquirir uma personalidade e um caráter para levarmos conosco e que nunca podem ser tirados de nós. Não passam de animais aqueles que apenas comem e dormem, trabalham e procriam, se vivem toda sua vida em paz.

Acredito profundamente que coisas más são mandadas para este mundo para nos tentar; são enviadas deliberadamente pelo nosso Criador, para testar nossa determinação, porque Ele sabe o que é bom para nós. A Bíblia está cheia de exemplos em que o caminho mais fácil foi abandonado em nome dos princípios morais.

Eu me considero afortunado de ter conhecido todo o país e homens de toda profissão. Mas, com o teste final da guerra, considero meu caráter completamente formado. Assim, ainda na minha pouca idade, minha missão na Terra já foi cumprida e estou preparado para morrer, com apenas um arrependimento: o de não poder estar com você para me dedicar a fazer seus últimos anos mais felizes; mas você viverá em paz e liberdade, e eu terei contribuído diretamente para isso, então de novo minha vida não terá sido em vão.

Seu filho amado

REGISTRADA

CARTA Nº 25

SUA AMADA FILHA

De Louisa May Alcott *para* Abby May Alcott

25 de dezembro de 1854

No Natal de 1854, catorze anos antes da publicação do primeiro volume de Mulherzinhas *— o romance semiautobiográfico que a tornou conhecida no mundo todo —, Louisa May Alcott, então com 22 anos, entregou à sua mãe esta carta, com um exemplar de* Flower Fables, *uma coletânea de contos de fadas que ela tinha escrito cinco anos antes para sua amiga, Ellen Emerson. O pai de Ellen, Ralph Waldo Emerson, era uma liderança no movimento transcendentalista, assim como o pai de Louisa, Amos, um homem determinado que nos anos 1840 fundou a comunidade em que a família viveria por pouco tempo e que cuidou pessoalmente da educação de seus filhos. Apesar da influência que o pai exercia sobre ela, Louisa tinha um laço mais forte com a mãe, também escritora que, no aniversário de dez anos de Louisa, lhe deu de presente um estojo de lápis com um bilhete que dizia: "Querida filha [...] Dou-lhe este estojo de lápis que prometi, pois percebi que você gosta de escrever e quero incentivar em você essa prática".*

Pinckney Street, 20, Boston
25 de dezembro de 1854

Querida mãe, — na sua meia de Natal coloquei meu "primogênito", por saber que você vai recebê-lo com todos os seus defeitos (pois avós são sempre gentis) e olhar para ele como uma promessa do que ainda posso fazer; pois, com tanto estímulo, espero em algum momento passar de fadas e contos para homens e realidades.

Qualquer beleza e poesia que for possível encontrar no meu livrinho se devem ao seu interesse e encorajamento para que eu me esforçasse, do primeiro ao último; e se eu chegar a fazer algo de que me orgulhe, minha maior felicidade será poder agradecer-lhe por isso, como farei por tudo o que existe em mim de bom; e eu ficarei contente em escrever se isso lhe der prazer.

Jo está fazendo bagunça;
Minha lamparina está se apagando.

Para minha mãe querida, com muitos votos de um próspero Ano-Novo e um Feliz Natal.

Sempre sua filha amorosa,
Louy

CARTA Nº 26

ESTOU ESCREVENDO PARA VOCÊ PELA PRIMEIRA VEZ DEPOIS DA MINHA SENTENÇA DE MORTE

De Baya Hocine *para* sua mãe

1957

Baya Mamadi nasceu em 1940 na casbá de Argel, tornou-se órfã aos cinco anos e foi morar com outra família. Dez anos depois, ela entrou na Frente de Libertação Nacional e aos dezesseis lutou na Batalha de Argel, na tentativa de derrotar os colonizadores franceses. Pouco antes do Natal de 1957, essa moça de dezessete anos que lutava pela liberdade, e agora se chamava Baya Hocine, foi presa e condenada à morte pelos franceses. Ela informou isso à sua mãe nesta carta. A condenação de Hocine foi depois revogada devido à sua pouca idade, e em 1962 ela foi solta. Ela se tornou jornalista e, em 1979, membro do Parlamento da Argélia, onde continuou a lutar por aqueles necessitados.

Mãe querida,

Estou escrevendo para você pela primeira vez depois da minha sentença de morte. Minhas irmãs e eu recebemos a sentença com calma e dignidade. Espero que você tenha a mesma atitude. Conheço a sua coragem e confio em você; tenho certeza de que você vai ter a atitude correta. Logo recorri da sentença; você já sabe que vou ter um outro julgamento.

A advogada veio me ver ontem, depois de ter te encontrado no julgamento. Ela estava chocada com a sentença que foi definida para mim. De toda forma, ela prometeu ir te ver.

Estou bem e tenho tudo. Você pode vir me visitar na quinta-feira.

Estou perto de você, não estou?

Vou deixá-la agora para fazer um inventário das minhas roupas, porque nossas roupas foram trocadas para roupas de prisão.

Mande um beijo para as crianças, Hadjila, minha tia.

Meus cumprimentos para os vizinhos.

E um beijo terno em você.

Baya

CARTA Nº 27

EU TE AMO MAIS QUE TUDO

De Martha Gellhorn *para* Lucy Moorehead

1970

Martha Gellhorn, nascida em 1908 em St. Louis, no estado do Missouri, foi uma das três filhas da sufragista Edna e do ginecologista George Gellhorn. Quando morreu, em 1998, havia conquistado uma reputação sólida como uma das principais correspondentes de guerra da história moderna, mais conhecida por seu trabalho na Guerra Civil Espanhola e na Segunda Guerra Mundial. Em 1970, aos 62 anos, ela se mudou para Knightsbridge, onde ficaria pelo resto de sua vida. Também foi nesse ano que sua amada mãe, Edna — no passado, uma ativista importante e de sucesso — faleceu, aos 91 anos. Quando estava ao lado de sua mãe doente, esperando o inevitável acontecer, Martha escreveu esta carta para sua amiga Lucy Moorehead.

Domingo
St. Louis

Lucy, querida,

Aqui estou eu, no leito de morte de minha mãe, esperando com ela, dia após dia, a sua hora de ir. Seu rosto nunca pareceu atormentado em vida, mas agora é como se a exaustão tivesse se transformado em dor. Ela está magra como Belsen, pele e osso. Não consigo parar de chorar quando estou com ela — e no resto do tempo me sinto como em um sonho de outra pessoa, não real. Nada faz sentido, tudo é insuportável. Penso em você, dez dias ao lado da cama de Alan, quando ele estava em coma. Se viver o suficiente vai aprender tanto quanto conseguir aguentar. Mas sempre penso nos campos de concentração para me dar alguma perspectiva da pressão pela qual já passei. Somente essa angústia é por ela — quando acordada, ainda que seus olhos estejam fechados & ela, fraca demais para falar —, eu sei que ela sabe, e pensa com desespero, será que nunca vou poder partir.

Eu a amo mais que tudo neste mundo & sempre amei, meu único amor incondicional, e agora anseio por sua morte, para que ela possa não continuar aqui, onde não resta nada além desse esgotamento insuportável.

Vou ficar com ela enquanto ela respirar. Talvez ela perceba que meus braços estão em torno dela

& que eu beijo suas mãos e talvez se sinta menos solitária. Já vi tantas mortes, mas todas foram rápidas. Rápido é uma sorte. Não há Deus nem justiça. Esse ser humano magnífico não deveria ter de lutar dia após dia, sem fim, para partir. Seu único ato de vontade própria foi recusar comida — as enfermeiras tolas empurram algumas colheres de leite garganta abaixo, três vezes ao dia, mas eu sei que ela está fazendo a única coisa que consegue para acabar com isso tudo.

Ah, Lucy — alguém consegue voltar à vida depois disso com alguma capacidade para rir?

Com amor,
Martha

R
Nº

CARTA Nº 28

A SUA AUSÊNCIA SE PROLONGA

De Karin Cook *para* Joan Cook Carpenter

1999

Em 1989, Joan Cook Carpenter, 52 anos, moradora de Long Island, morreu devido a um câncer de mama, uma doença que ela escondeu da família e dos amigos até seus últimos dias, num esforço de diminuir o sofrimento daqueles que amava. Em 1999, uma década depois de sua morte, sua filha Karin Cook, de 29 anos, escreveu esta carta a ela. Karin também escreveu um romance premiado, parcialmente inspirado em sua experiência, What Girls Learn *[O que as meninas aprendem].*

Querida mamãe,

A que horas eu nasci?
Quando eu dei meus primeiros passos?
Qual foi a primeira palavra que disse?

Meu corpo começou a ficar parecido com o seu. De repente eu a vejo em mim. Tenho tantas perguntas. Procuro respostas no ar. Ouço a sua voz. Imagino. Procuro sentido a partir da sua vida. Invento o que você teria falado ou feito. Às vezes ouço respostas no eco da sua ausência. O conceito de mestre é sempre um pouco vazio para mim. Resistindo, esperando por você. Minha identidade se formou apesar dessa ausência. Há algumas mulheres que me dão conselhos. Mas conselho vem de fora. Saber vem de dentro. Tem tanta coisa que eu não sei.

Quais eram os seus segredos?
Qual era a principal origem da sua força?
Quando você soube que estava morrendo?

Gostaria de ter prestado mais atenção. Você me ensinou cedo as coisas que realmente importam — o jeito de ser, amar e imaginar. São as coisas do dia a dia que são mais desafiadoras. Ando sem firmeza por um mundo de regras e etiqueta, sem saber o que se espera de mim em muitas situações. Me falta um tipo de confiança. Decisões e partidas são difíceis. Assim como jantares. Festas, cerimônias. Qualquer tipo de mudança. Coisas pequenas viram simbólicas. Cada objeto é importante — aquela blusa comida pelas traças, aquelas fotos. De repente eu gosto do seu faqueiro de prata. Minha memória é um álbum de oportunidades perdidas. A sua ausência se prolonga.

Você gostava de você mesma?
Quem foi o seu grande amor?
Qual era o seu maior medo?

Nas semanas anteriores à sua morte, eu sabia fazer perguntas. Aos dezenove, eu precisava saber quais eram as suas expectativas para mim. No seu leito de morte, você disse que entendia o meu amor por mulheres, assim como sugeriu que teria lutado contra isso. Na sua ausência, tive de inventar a sua aceitação.

Algumas escolhas que fiz você não teria feito. Por algum motivo, saber disso é mais difícil para mim do que se você estivesse aqui para brigar comigo. Falta assertividade nos meus movimentos. Eu recuo das minhas decisões, em vez de seguir em frente. Essa hesitação às vezes me deixa pensando:

Você alguma vez duvidou de mim?
Você teria me aceitado?
O que você desejava para mim?

Sei que as minhas opções políticas a ameaçavam. Sua solução era fazer as coisas parecerem bem por fora, negar alguns sentimentos, apagar acontecimentos desagradáveis. Depois da sua morte expus muitas das coisas que você preferiria que tivessem ficado escondidas. Não posso mais guardar os segredos de família por você.

Procuro informações sobre a sua vida. Cada caderno, carta, história que eu descubro é essencial para o meu desejo de entender você e as escolhas que você fez. Descobri casos, abuso, tudo que você não gostaria que eu soubesse. No entanto, essas coisas explicam os brancos na minha memória e ajudam a dar forma à sua humanidade.

Quem você sonhou em ser?
Você alguma vez morou sozinha?
Por que você se divorciou?
Você acreditava em Deus?

Uma coisa que você disse ainda me assombra. Quando perguntei sobre a maternidade, você disse que as crianças não precisam de tudo que você deu. "Oitenta por cento deve ser suficiente." Fiquei assustada com as suas palavras. Você se arrependia de ter dado tanto de si? Hoje essas palavras soam como um presente. Um jeito de me ensinar um modelo de maternidade, para além do seu próprio exemplo.

Tornar-me mãe é algo em que penso muito,

quase a ponto de me preocupar com isso. Ouvi dizer que sonhar sempre com um nascimento costuma significar um desejo de dar à luz si mesmo, tornar-se alguém. O meu processo de luto por ter perdido você tem sido tanto um nascimento quanto um desapegar-se.

Quais foram os seus últimos pensamentos?
Você estava orgulhosa?
Você estava em paz?
Como é morrer?

Você deve ter sentido tanto medo lidando sozinha com a sua doença. O seu grau de isolamento é um mistério para mim. Na minha vida, me esforço para pedir ajuda, deixar os outros se aproximarem. Tenho medo da perda, mais do que tudo. Ligo o meu computador. Invento coisas. Digo a verdade. Meu trabalho diário é buscar alguma conexão. Todas essas perguntas me levam a procurar, cada vez menos as suas respostas, cada vez mais a mim mesma.

Com amor,
Karin

REGISTRADA

CARTA Nº 29

QUERIDAS FILHAS

De Patton Halliday Quinn *para* Edith Quinn

2015

Patton Halliday Quinn nasceu em Austin, no Texas, e em 2014 teve sua filha Edith. Durante a gravidez, Patton escreveu uma carta para a filha que ainda não tinha nascido, cheia de conselhos que Edith deveria seguir caso a mãe morresse. Então, em 2015, com Edith já no mundo, Patton mudou de ideia.

Querida Edith,

Quando você ainda estava na minha barriga, logo depois que eu descobri que você era uma menina, em meio às minhas noites de insônia típicas de mulheres grávidas, eu escrevi esta carta para você. Eu ia levá-la para Nova York no seu aniversário de treze anos e entregaria esta carta quando estivéssemos tomando sundae no Serendipity. Então comecei a ficar preocupada, "E se acontecesse alguma coisa comigo?". Eu escrevi e imprimi a carta; e a escondi em um lugar em que com certeza você encontraria. Mas, eu pensei, e todas as filhas de mães como a minha, que, por um ou outro motivo, não podiam, não conseguiram ou não contaram a elas tudo o que elas deveriam saber?

Então.

Queridas filhas,

Esta é *a conversa* que eu gostaria que a minha mãe tivesse tido comigo. Tem tantas coisas que quero que vocês saibam e não sei nem em que ordem colocá-las, então vou começar pelo meio. Tudo bem, mesmo, fazer sexo com quantas pessoas vocês quiserem: meninos ou meninas, estranhos ou amigos. Nunca deixem que as pessoas as façam sentir vergonha por quererem viver a experiência completa da sua humanidade. Quando vocês se sentirem culpadas ou com vergonha por serem humanas, porque em alguns momentos vocês vão se sentir, isso também é normal. Sempre que possível, e tanto quanto conseguirem, tentem relaxar um pouco da autocrítica. Se vocês não quiserem fazer sexo com alguém, tudo bem também: apenas digam, com firmeza, *Não*! Em algum momento vocês vão descobrir, no entanto, que alguns homens vão tentar convencê-las de que eles não vão saber se vocês de fato os amam a não ser que façam sexo com eles. Não acreditem no que eles estão dizendo, porque isso é uma bobagem ridícula e absurda. MAS, se vocês acabarem acreditando (como eu acreditei), sejam boas e gentis com vocês mesmas quando perceberem que foram enganadas. Vocês não foram as primeiras e certamente não serão as últimas.

Tenham cuidado. Nunca vai ser demais dizer isso. Façam o exame de papanicolau frequentemente; façam exames de DST frequentemente; tomem a vacina contra HPV. Usem algum método contraceptivo e peçam a ele que use camisinha. Se ele não colocar a camisinha — porque vai ter vezes em que ele não vai colocar e vocês *não vão* insistir —, façam ele tirar antes. Se, por um infortúnio, vocês engravidarem (como eu engravidei), saibam que tudo bem fazer um aborto. Claro, vocês não vão querer que seja essa sua única forma de não ter um bebê, É CLARO. Mas. A maioria das mulheres que eu conheço fez pelo menos um. Apenas saibam que fazer um aborto traz consequências emocionais. Algumas mulheres se arrependem imediatamente. Outras se arrependem depois, quando têm trinta e tantos anos e percebem que seu tempo está acabando. Eu senti um alívio imediato; no entanto, não há um ano em que eu não pense, "Se eu a tivesse tido, ela teria hoje doze anos". E, também, se fizerem um aborto, conversem a respeito. A natureza sigilosa dos abortos é o que contribui para a natureza estigmatizada dos abortos.

Se vocês forem gays, tudo bem. Se vocês forem transgênero, tudo bem. Se vocês forem hétero, tudo bem. Apenas sejam vocês mesmas, mas se quiserem tentar ser outra pessoa por algum tempo, isso também é completamente compreensível.

Tem algumas questões específicas sobre sexo sem compromisso e namorar. Com alguns meninos eu podia fazer sexo e depois ser amiga deles sem ficar muito obcecada, e por outros meninos eu me apaixonava, meninos que nunca me amavam. Eu ficava completamente maluca. Ficava esperando, ansiosa, por um telefonema ou por uma mensagem que nunca chegava. Infelizmente, isso faz parte. Amor não correspondido é o sentimento mais destruidor que vocês vão sentir.

Tem um outro conjunto de questões que vocês vão descobrir em relações monogâmicas. Evitem o seguinte: querer tomar conta dele, procurar a aprovação dele ou precisar dele para confiar em si mesmas. Vocês vão cometer esses erros, talvez mais de uma vez, e tudo bem. Não traiam nem mintam, para ele ou para vocês mesmas. Se fizerem isso — admitam, peçam desculpas, registrem e reflitam a razão de terem feito isso, e então comecem o doloroso processo de perdoarem a si mesmas. Lembrem que o amor é sempre doloroso e confuso e difícil, mas que ele também é sempre curativo e confuso e bom.

Haverá momentos em que vocês estarão tão machucadas, momentos em que vocês não imaginavam ser possível sentir tanta dor. Edith, quando eu estava grávida de você, seu pai me abandonou para se jogar em apostas e no vício em metanfetamina, e meu coração se partiu de tal forma, tão profunda e dolorosamente, que prometi nunca mais me apaixonar. Ou achei que não me apaixonaria. Não se surpreendam ao descobrirem que, se e quando vocês pensarem que fecharam seus corações para sempre, o universo pode ter outros planos. Eu me esforcei todos os dias, por muitos dias seguidos, para perdoar o seu pai. Um dia concluí que o amor não doeria tanto quanto a solidão, então me abri de novo. Descobri que a dor pode de fato ser ainda maior, mas que minha tolerância abismal para a tristeza apenas significa que eu acabo sentindo o amor com essa mesma intensidade.

Filhas, haverá momentos em que vocês vão se sentir sozinhas no universo, mas estou aqui para dizer que vocês não estão sozinhas. Porque todas as mães estão bem aqui atrás de vocês. Estamos escorando vocês, segurando suas mãos, conferindo se vocês ainda estão respirando. Amamos vocês, apoiamos vocês, perdoamos vocês, entendemos vocês, e vai ficar tudo bem.

Esta carta começou como uma carta para você, Edith. E então se tornou uma carta para todas as filhas. É também uma carta de todas as mães e de todas as não mães. Percebo agora que talvez seja sobretudo uma carta para mim.

Amo você mais que tudo,
Mamãe

CARTA Nº 30

MAMÃE, PRESTE ATENÇÃO

De Wallace Stegner *para* Hilda Stegner

1989

Em 1909, Hilda e George Stegner tiveram um filho em Lake Mills, no Iowa, que cresceu e se tornou um dos escritores mais admirados de todos os tempos. Em uma carreira que durou mais de meio século, Wallace Stegner ganhou todos os prêmios que um autor poderia ganhar, incluindo o Pulitzer de Ficção, em 1972. Ele também era um ambientalista comprometido. Sua relação com os pais era de sentimentos ambíguos: seu pai, que era um apostador incansável, arrastava a família de uma cidade a outra; sua mãe, que ele amava profundamente, só desejava se estabelecer em algum lugar. Ela faleceu em 1933, quatro anos depois do irmão de Wallace morrer de pneumonia. Cinquenta e cinco anos depois, Stegner escreveu esta carta a ela.

Mamãe, preste atenção,

Em três meses farei oitenta anos, trinta anos a mais que você quando morreu, vinte anos a mais que o meu pai quando morreu, 57 anos a mais que o meu irmão quando morreu. Fiquei com os bons genes e a sorte. Vocês todos partiram há muito tempo.

À exceção dos momentos em que preciso amarrar os sapatos, não me sinto com oitenta anos. Eu, a criança fraquinha, durei mais que todos vocês. Mas, se não me sinto decrépito, também não me acho sábio nem confiante. A idade e a experiência não me tornaram um Nestor qualificado a dizer aos outros como devem levar suas vidas. Me sinto mais como Theodore Dreiser, que confessou que deixaria a vida mais desnorteado do que quando chegou. Em vez de amargo ou estoico ou calmo ou resignado ou qualquer uma dessas coisas padrão que eu deveria ter me tornado depois de uma longa vida, confesso que na maior parte das vezes me sinto simplesmente perdido, e também precisando ser confortado, compreendido, perdoado, amado sem ressalvas — aquilo que você costumava me dar — como se eu tivesse cinco, dez ou quinze anos.

Cinquenta e cinco anos atrás, quando eu estava acordado ao seu lado, depois da meia-noite, enquanto a enfermeira descansava, vi você dar seu último suspiro. Uns minutos antes de morrer, você ergueu um pouco a cabeça e disse "Por…

onde?". Eu entendi isto: você estava numa encruzilhada escura, sem orientações. Então, um minuto depois, você disse "Você é um bom... menino... Wallace", e morreu.

O meu nome foi a última palavra que você falou, sua fé em mim e seu amor por mim foram seus últimos pensamentos. Não consegui lidar com isso mais do que consegui lidar com a sua morte e mergulhei cego na escuridão de novembro, caminhei por horas com a minha cabeça apertada como um punho.

Sei que suas últimas palavras eram bem distantes da realidade. Houve muitas vezes em que não fui bom nem atencioso. Eu sabia que você não conseguia mais ver o meu rosto, que você falava a partir de um sonho drogado e nebuloso, que eu já tinha sido dissolvido em uma lembrança à qual você se apegava enquanto sua vida minguava. Eu sabia que era o amor falando, não você, que você já tinha partido, que seu amor durou ainda mais do que você mesma. E eu entendi, meio debilmente, que, ao ir embora, você me impôs uma obrigação imensa e inevitável. Eu jamais conseguiria deixar de tentar, ainda que mal, de um jeito triste, de um jeito confuso, ser quem você pensava que eu era.

É claro que você não morreu. A morte é uma convenção, uma garantia do fim da dor, algo para os livros de estatísticas vitais, que não significam nada para ninguém, apenas para os responsáveis pelas informações dos cemitérios.

Pois, sentado aqui à mesa, tentando lhe contar algo tarde demais, depois de longos 55 anos, tenho uma imagem clara dos seus lábios cerrados e dos seus olhos enrugados, e eu sei que nada do que eu disser vai convencê-la de que eu sou menos do que você imaginava. Esse seu amor, quando entregue, nunca se perde. Você está viva e fulgurante na minha mente. Exceto quando não consigo ouvir, você se expressa através de mim quando me vejo diante de uma crise sentimental ou simpatia ou consideração pelos outros. Você é um bloqueio à minha impaciência, competitividade e arrogância. Quando sou menos do que posso ser, você me faz sentir vergonha, e também me perdoa. Você é um bom… menino… Wallace.

Nos mais de cinquenta anos em que tenho escrito contos e livros, tentei diversas vezes lhe fazer justiça e nunca fiquei satisfeito. A personagem que representa você em *The Big Rock Candy Mountain* e *Recapitulation*, dois romances do tipo semiautobiográfico, é uma espécie de vítima passiva. Temo ter permitido que seu marido egoísta e violento, o meu pai, roubasse sua cena e a empurrasse para o segundo plano, como ele fez em vida. De alguma forma eu deveria ter conseguido dizer como você era forte e resiliente, uma força paciente, duradoura e criadora de laços, a brandura que com o passar do tempo se mostrou mais forte que aquilo a que ela parecia ceder.

Mas você precisa entender que é um tipo de personagem humano dos mais difíceis de tornar crível no papel. Não acreditamos numa bondade tão perene, numa simpatia tão imediata e constante, numa maneira tão paciente de resistir aos problemas, num perdão tão sincero. Ao escrever sobre você, me via sempre no limite do inacreditável, como se eu estivesse escrevendo a vida de um santo ou a lenda de uma mulher que suportasse todas as provações. Senti que precisava distorcê-la um pouco, dar a você algumas falhas humanas ou intenções egoístas; porque as qualidades dos santos, além de ficarem muito piegas no papel, soam como um sermão para aqueles — e somos a maioria — que não as temos. Além disso, mulheres santificadas e que muito sofreram costumam provocar a fúria dos atuais simpatizantes da emancipação das mulheres, que olham para isso como uma invenção masculina, as vítimas submissas demais e celebradas demais da dominação masculina.

Bem, você quase nunca era agressiva, não enquanto a conheci, e de fato você era uma vítima. Se era mesmo submissa, é outra questão. Suponho que alguns nasçam abnegados, outros conquistem a abnegação, para outros ainda a abnegação lhes é enfiada goela abaixo. Você costumava me dizer que nasceu com a cabeça quente e precisou aprender a controlá-la. Acho que você também nasceu com uma quantidade normal de sonhos, de esperanças, de desejos e com uma imensa capacidade de crescimento intelectual e cultural e teve de aprender a reprimir isso.

Na sua vida você praticou bastante tanto o controle quanto a repressão. Sua infância lhe foi roubada, e, quando era uma mulher jovem e sem experiência, fez uma escolha amorosa fatal. Mas você não culpava ninguém além de si mesma. Você fez por merecer, em parte porque, sendo mulher, e sem muito estudo, tinha poucas opções, em parte porque sua moral ensinava a ter responsabilidade pelo que tinha feito, mas sobretudo porque o amor lhe ensinou que sua maior obrigação era tomar conta dos seus dois filhos e do seu marido displicente que precisava de você ainda mais que seus meninos. Como recompensa, você muitas vezes não era reconhecida por nada.

Somente agora, pensando sobre você, peguei o *The Big Rock Candy Mountain* e encontrei o trecho em que escrevi sobre a sua morte. Não aguentei ler até o fim. Caí em lágrimas ao ler as palavras que escrevi às lágrimas quase meio século atrás. Você é ao mesmo tempo uma presença duradoura e uma ferida aberta.

Eu tinha 24 anos, ainda um estudante, quando você morreu, mas vivi com você mais que o triplo desse tempo. Obcecado comigo mesmo, com esporte, enfiado nos livros ou atrás de uma garota, ou absorto em meus pensamentos, eu nunca cheguei a lhe dizer, enquanto você era viva, a importância que você tinha para mim. À exceção daqueles momentos em que a sua vida ficava pesada demais para você, como quando meu irmão, Cece, morreu e você me procurou porque não havia mais ninguém, não acho que eu tenha percebido como você era importante. Agora sinto sobretudo um arrependimento, arrependimento por não tê-la reconhecido, assim como os outros, arrependimento por você já ter morrido quando minha vida começou a melhorar, de forma que eu não pude levá-la comigo e compensar um pouco seus primeiros cinquenta anos. A Cinderela deveria ter um final feliz, liberta da casa nociva em que servia.

Um dos meus amigos dessa vida posterior que você não pôde dividir comigo era o escritor irlandês Frank O'Connor, chamado Michael O'Donovan quando nasceu em uma casinha miserável em Cork. Seu pai era alcoólatra; sua mãe, ele acreditava piamente, era uma santa. Ele a colocou em muitos de seus contos e escreveu um livro em homenagem a ela chamado *An Only Child*. Ainda que não fosse muito católico, ele esperava encontrá-la no céu, vestida em glórias. Pelo que ele me contou, ela era muito parecida com você: muito senhora de si e, no entanto, nunca pensava em si mesma em primeiro lugar. Não acredito que ele esteja com ela agora, no céu, mas gostaria de poder acreditar. Também não consigo acreditar que em algum momento, logo mais, na verdade, vou te encontrar lá. Mas que encontro seria! Com certeza renderia uma bela conversa — nós quatro desfrutando do que quer que os imortais desfrutem, e juntos. Eu admirava Frank O'Connor por seus grandes talentos; mas eu amava Michael O'Donovan pelo que ele sentia por sua mãe e o invejava pela chance que ele teve de, já maduro, mostrar-lhe isso. Se, com todas as suas injustiças, o mundo dominado pelos homens é capaz de vez ou outra produzir mulheres como a mãe dele e a minha, ele não é tão ruim assim.

Comecei esta ruminação num humor horrível, relembrando seu aniversário de morte. E você já conseguiu me animar. Eu disse que você não havia morrido, e não morreu. Ainda consigo ouvi-la animada na menor provocação, ou sem provocação alguma, cantando enquanto trabalha e derramando sua alegria nos outros. Então vamos relembrar sua vida, vida que de certa forma muitas mulheres de sua geração tiveram, ainda que nem sempre com suas provações extraordinárias e dificilmente com seu estoicismo e graça.

Sei o bastante sobre sua infância e sua juventude para entender como era a vida naquela fazenda de Iowa e na cidade em que todos falavam norueguês, liam em norueguês, faziam negócios em norueguês, escutavam norueguês na igreja. A Bíblia da família, que por algum motivo herdei, está em norueguês, e ainda em tipos góticos. Ao seu lado na minha estante está o livro despropositado de mais de dois quilos que lhe deram no seu aniversário de cinco anos: *Sandheden i Kristus*, Verdades em Cristo, um compendio de regras e meditações adaptadas ao ano religioso. Você deveria ter sido tão velha quanto eu e uma luterana tão rígida quanto seu pai para aguentar cinco minutos dele.

Apesar de o seu pai ter nascido neste país, você só foi aprender inglês na escola. E você o aprendeu com ânsia. Alguns dos nossos parentes ainda têm sotaque, depois de cinco gerações nos Estados Unidos, mas você nunca teve. Você adorava ler e cantava o tempo todo: você conhecia a letra de mil canções. Quando eu estava na faculdade, descobri com espanto que algumas das canções que eu ouvira você cantar enquanto cuidava da casa eram letras de *The Princess* [A princesa], de Tennyson. Talvez você as tenha aprendido nos livros didáticos *McGuffey's Reader*. Só Deus sabe de onde você tirou o ritmo. Você sempre aproveitou ao máximo as oportunidades e não largou mão disso.

A escola era o seu momento de alegria, com amigos, jogos, festas e o júbilo de aprender. Você só a frequentou por seis anos. Quando tinha doze, sua mãe morreu de tuberculose e você imediatamente se tornou adulta: dona de casa para o seu pai, mãe dos seus dois irmãos e sua irmã mais novos, trabalhando na fazenda quando não empregada de outra forma. Durante todos os anos em que você deveria ter tido a oportunidade de ser uma menininha, até frívola, você teve responsabilidades que teriam massacrado a maioria dos adultos.

Muitas mulheres das fazendas tinham uma "empregadinha". Você não tinha. Você era essa menina, você fazia tudo. Aos doze, treze, catorze, arrumava as camas, limpava, cozinhava, costurava, consertava, para uma família de cinco pessoas. Fazia o pão, biscoitos, bolos, tortas, em um fogão a carvão temperamental. Você fazia o *lefse* e *fattigmand* e preparava o *lutefisk* sem o qual um Natal norueguês não é um Natal. Você lavava todas as roupas, e não me refiro a colocar roupas levemente sujas na máquina de lavar; você fervia e esfregava roupas sujas de fazenda apenas com a chaleira de cobre, a bacia de metal, tábua de lavar, sabão duro e cilindro de roupas dos anos 1890 — um longo dia para a coluna, toda semana.

Na época de colheita você costumava trabalhar no campo na maior parte da manhã, então ir para casa cozinhar o almoço para todos. Você ficava no forno quente, numa cozinha sufocante, por horas a fio, fazendo ervilhas, feijão, milho e tomate em conserva, fazendo compota de melancia e picles de pepino ou piccalilli. Quando se matava um porco, você engolia a náusea e separava o sangue para a morcela que seu pai tanto apreciava. Separava os pés em uma salmoura e fazia terrina de porco. Fritava e punha em tigelas de banha as rodelas de linguiça que durariam todo o inverno. Manhã e noite você ajudava na ordenha. Tirava a nata e batia a manteiga com um agitador de pá, pendurava sacos de pano com coalhada no varal para gotejar e virar queijo fresco. Talvez você tivesse um pouco de ajuda dos seus irmãos e da sua irmã, especialmente quando eles ficaram maiores; mas eles passavam o dia na escola e reclamavam por ter de fazer o dever de casa de noite.

Tenho certeza de que havia momentos em que você odiava com amargura sua vida de escravidão, ao bater nos seus irmãos preguiçosos que se esquivavam por aí, ou quando olhava com furor para o seu pai sentado na sala, lendo o *Scandinaven*, ignorando-a completamente quando você entrava aos tropeços carregando um balde de carvão e o postava em alto e bom som diante do aquecedor, abria a porta do aquecedor, levava até ele o balde, alimentava o fogo, punha o balde de novo em seu lugar e batia com tudo a porta do aquecedor. Esses eram os anos em que a abnegação tentava entrar à força em você; você ainda não tinha atravessado o duro processo de alcançá-la.

Mas, por mais que se revoltasse, não havia como se livrar dos seus irmãos. Eles eram sua responsabilidade e não havia ninguém para ajudá-la com eles. Eles a chamavam de Irmã. Em toda sua vida as pessoas te chamaram de Irmã, porque você era isso ou tinha se tornado — uma irmã mais velha, solícita, aquela da qual todos dependiam, aquela a qual todos procuravam por ajuda, desde para fazer as tarefas da escola até para tirar uma farpa de debaixo da unha.

Seis anos disso, e ao final seu pai anunciou que se casaria com uma colega sua de escola, uma menina pouco mais velha que você. Me pergunto se foi indignação que a fez sair da casa dele ou se seu ódio não diminuiu ao perceber que enfim você teria liberdade e oportunidade. Você tinha dezoito anos, uma menina alta, forte, de olhar firme, com montes de lindos cabelos ruivos. Nos ferrótipos da época você parece decidida. Você ainda não tem a boca triste que suas últimas fotografias mostram. Talvez parecesse que o mundo estava diante de você com o fim do seu aprisionamento.

Mas ninguém a havia preparado para oportunidade e liberdade. Ninguém a havia ensinado a sonhar grande. Você não conseguia sequer imaginar ir para Chicago ou para Nova York e fazer sua vida, não conseguia sequer sonhar em ser atriz ou editora de uma revista feminina. Haviam-na ensinado apenas, e a maior parte você teve de aprender sozinha, a cuidar de uma casa e de outras pessoas. Você era muito boa nas duas coisas. Então, quando perdeu sua posição de dona de casa, não conseguia pensar no que fazer com sua liberdade além de ir para Dakota do Norte cuidar da casa de um tio solteiro.

Lá você se deparou com algo para o qual não

a tinham preparado, um homem diferente de todos que você já tinha conhecido, um homem sedutor, cheio de histórias, de voz profunda e riso fácil, imprudente e irreverente, que jogava bola, esquiava no gelo com extravagância, campeão de tiro ao alvo, alguém que buscava aproveitar as oportunidades e acreditava no sonho americano em busca de, nada, um homem que corria pela vida com a confiança de que um dia criaria raízes. Ele estava ali esperando ficar rico através de esquemas rápidos, dono de um bar clandestino. Era uma afronta a todos os valores que seu pai defendia. Talvez por isso você tenha se casado com ele, apesar de protestos vigorosos na sua casa. Talvez o seu pai não seja mais culpado que nenhuma outra pessoa pelo erro que você cometeu.

Você teve um filho natimorto. Depois você teve um que vingou, meu irmão, Cecil. Depois ainda, em uma visita de reconciliação a Iowa, você teve a mim. Então, como me disse certa vez, você descobriu como não ter mais filhos, e não teve. Dois já eram responsabilidade suficiente.

Percorrer toda a sua vida seria sinistro, não fosse você a pessoa de quem estamos falando. Você conseguiu transformá-la em outra coisa apenas com sua competência, sua animação nas condições mais desanimadoras, sua resiliência depois de cada derrota. "Teremos mais sorte da próxima vez", ouvi você dizer enquanto escapávamos de alguma desgraça, e depois de um minuto, com sua mistura peculiar de resistência, esperança e ironia: "Bem, se não nos matou, certamente nos deixou mais fortes".

De Dakota não me lembro. Minhas lembranças começam nas florestas de Washington, moramos numa barraca e tínhamos uma lanchonete em Redmond, a cidade de exploração madeireira. Ao ter escarlatina, destruí o sonho do meu pai de ir para o Alasca fazer escavações em busca de pedras de ouro do tamanho de uma bola de beisebol. Então houve uma fase ruim. Você deixou o meu pai ou ele a deixou; ninguém nunca me contou. Mas eu e Cece nos vimos em um orfanato de Seattle, colocados lá enquanto você trabalhava no Bon Marché. Em 1913, você não tinha saída, uma mulher sem marido e com dois filhos. Quando descobriu como éramos infelizes nesse orfanato, você nos tirou de lá e nos levou ao único lugar seguro que havia, a casa do seu pai em Iowa.

Consigo imaginar a humilhação que isso representou para você. Consigo imaginar as cartas que você trocou com o meu pai. Consigo imaginar as promessas dele, as suas concessões. De toda forma, em 14 de junho estávamos indo encontrá-lo no vale do rio Whitemud, ou rio Frenchman, em Saskatchewan. Talvez para você tenha parecido romântico ou que seria uma aventura, talvez tenha dado ouvidos ao entusiasmo dele, "venham todos!", talvez tenha pensado que numa terra a ser explorada ele poderia ser feliz e se dar bem. Muito provavelmente você esperava que, num vilarejo rústico, a oitocentos quilômetros de qualquer lugar, pudéssemos recomeçar e ser uma família, algo que você desejava e para o qual tinha um dom. Se você foi até lá em resignação, não foi por isso ter sido imposto a você. Foi sua escolha. Em 1914, aos 31 anos, você enfim tinha alcançado a abnegação.

Saskatchewan é a página mais rica da minha memória, pois foi lá que comecei a entender algumas coisas e foi lá que, por meia dúzia de anos, tivemos o que você sempre quis: uma casa só sua, uma família unida e um ganha-pão, ainda que difícil.

Eu me lembro de dias bons, do prazer que desfrutamos juntos — excursões familiares para pegar frutinhas nos Cypress Hills, quando fazíamos piquenique na margem da Chimney Coulee e víamos nuvens deslizar para o leste, feito frotas imensas de navios, por cima dos campos. Ao levar um sanduíche para sua boca, você exclamava "Ah! Cheirem suas mãos!", e fazíamos isso, sentindo a fragrância dos amelanqueiros, das groselhas, das cerejas silvestres, das cerejas de fogo e das outras frutinhas que tínhamos manuseado. Lembro um dia em que, voltando para casa de uma dessas excursões, a carroça de dois bancos caiu de lado numa encosta íngreme e nos jogou para fora, a nós e as nossas panelas e baldes carregados de frutinhas, direto para a grama. Você deu uma olhada rápida para ver se alguém tinha se machucado e em seguida começou a rir, apontando para os nossos cavalos desnorteados e envergonhados em meio às rédeas torcidas. Ficamos sentados nessa grama inesperada, rindo de nós mesmos, antes de levantar, juntar todas as frutinhas espalhadas, endireitar o carro, aliviar os cavalos e voltar para casa. Cantando, é claro. Você nunca deixou passar uma oportunidade para cantar. Você também cantava em meio aos cheiros faustosos da cozinha enquanto fazia tortas, geleias, molhos e gelatinas com essas frutinhas e colocava muitos deles em jarros e vidros para estocar nas prateleiras do porão.

Você se lembra de um dia, na fazenda, em que Pa voltou de Chinook com uma melancia enorme e nós a resfriamos tanto quanto conseguimos na cisterna, depois nos sentamos à sombra da casinha e a comemos inteira? Como um dia bom pode ser simples e memorável quando há pouca expectativa! Você nos fez guardar a casca para fazer conservas. Sua prática nisso era completa, você nunca desperdiçava nada. Um dos nossos vizinhos, anos depois, me escreveu para dizer como ficava admirado de ver que, depois de ter descascado um monte de maçãs e feito tortas com elas, você ferveu as cascas e as transformou em geleia.

Eu acho que você adorava esse vilarejo, apesar das restrições.

Você adorava ter vizinhos, visitar os vizinhos, ajudar os vizinhos. Quando era nosso domingo de organizar a festa mensal da escola, você se divertia mais que as crianças, jogando crokinole ou brincando com saquinhos de feijão como a criança que nunca pôde ser. Você adorava quando o rio congelava, sem vento ou neve, e o canal inteiro se cobria de um gelo limpo onde era possível patinar, e a cidade se reunia em volta de imensas fogueiras, os patinadores com casacos de flanela vermelha e cachecóis brilhantes se moviam na luz como figuras de Bruegel, o fogo fazia os olhos e os dentes reluzirem, e a respiração da comunidade esvoaçava para o alto como plumas brancas.

Você adorava que seus filhos fossem regularmente a uma escola, e se saíssem bem lá. Você lia todo os livros em que conseguia pôr as mãos. Quando seu tio da Dakota do Norte morreu e deixou mil dólares para você, você não deixou meu pai pegar o dinheiro, e eu sei que ele teria alguma ideia para usá-lo. Em vez disso, você comprou um piano Sears-Roebuck e colocou a mim e ao meu irmão para aprender a tocá-lo sob a tutela da esposa do médico francês. Uma pena que nós a desapontamos, não queríamos estudar, enrolávamos e embromávamos. Em algum momento você desistiu. Mas você não podia deixar aquele piano parado ali, sem uso, assim como você não podia dar para os porcos as lindas cascas de maçã. Então você aprendeu a tocar sozinha, laboriosamente destrinchando acorde por acorde as partituras de música popular. Como você tinha sede! E como não teria aproveitado as oportunidades desperdiçadas por tantos que as têm!

Muitos dias bons. E, cada vez mais, dias ruins. Tempos difíceis.

Enquanto você criava mais raízes nesse lugar remoto e restrito para onde o entusiasmo do meu pai a tinha levado, ele se sentia mais e mais preso a essa "cidadezinha empilhada de esterco e arbusto". Na propriedade em que passávamos os verões, ele fez uma boa e uma média colheita em cinco. Em um verão, ele plantou centenas de alqueires de batata em uma terra arrendada perto da cidade e as estocou no porão do hotel, esperando para vendê-las por um bom preço, e o hotel pegou fogo. Naquele inverno, ele nos manteve jogando pôquer. No verão de 1920 ele estava desesperado para ir embora, fazer qualquer coisa, descobrir um jeito de ter um verdadeiro ganha-pão.

Em algum momento ele conseguiu, e nós abandonamos o pouco que você conseguiu reunir na vida. Nos catorze anos seguintes você viveu com muito mais conforto e conheceu muito do Oeste dos Estados Unidos. Continuou cuidando da casa para os seus meninos e para o seu marido, mas era uma casa sem alegria para você. Nós moramos em uma dúzia de cidades pequenas e grandes, três dúzias de bairros, umas cinquenta casas. Eu e meu irmão mantivemos alguma continuidade por causa da escola e dos amigos que fazíamos nela, mas os seus laços eram rompidos depois de alguns meses; você perdeu amigos e nunca mais os viu, ou teve chance de fazer outros, ou tinha uma cozinha em que podia receber algumas amigas para tomar um café e conversar. Por muito tempo, em Great Falls, Salt Lake, Reno, Los Angeles, Long Beach, você esteve sozinha.

Você acreditava em todas as belezas, forças e interações humanas de um lugar; meu pai só acreditava no movimento. Você acreditava em uma vida de doação, e ele, em uma vida de ganhos. Quando Cecil morreu, com 23 anos, você não tinha sequer uma amiga mulher com quem conversar, nenhuma família de vizinhos ou amigos que pudessem te ajudar a lidar com a perda de metade da sua vida.

Você é um bom... menino... Wallace. Isso me envergonha. Você teve muito pouca bondade na vida para saber julgá-la. Eu não era tão idiota nem egoísta quanto meu pai, e acabei recebendo mais crédito do que merecia. Mas não fui inteligente o suficiente para entender o exemplo que você estava me dando até ser tarde demais para fazer qualquer coisa além de segurar a sua mão quando você estava morrendo. E eis-me aqui, quase oitenta anos, velho demais para conseguir melhorar em alguma coisa mínima, mas não velho o bastante para o arrependimento.

"O máximo que você pode fazer é tentar", você me dizia quando eu estava com medo de me comprometer a fazer algo. Você me levou a me comprometer com muitas coisas que eu não teria ousado fazer não fosse o seu incentivo. Você também me ensinou a acolher a derrota quando ela acontecesse, e ela aconteceria uma vez ou outra. Você me ensinou que, se não me matou, certamente me fez mais forte.

Consigo ouvi-la rir ao dizer isso. A qualquer momento, vou ouvi-la cantar.

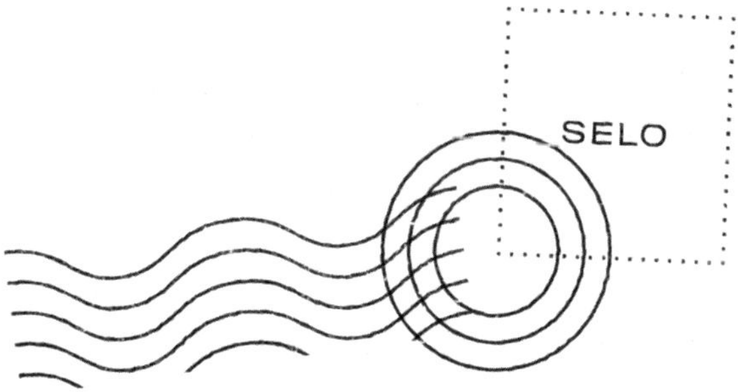
SELO

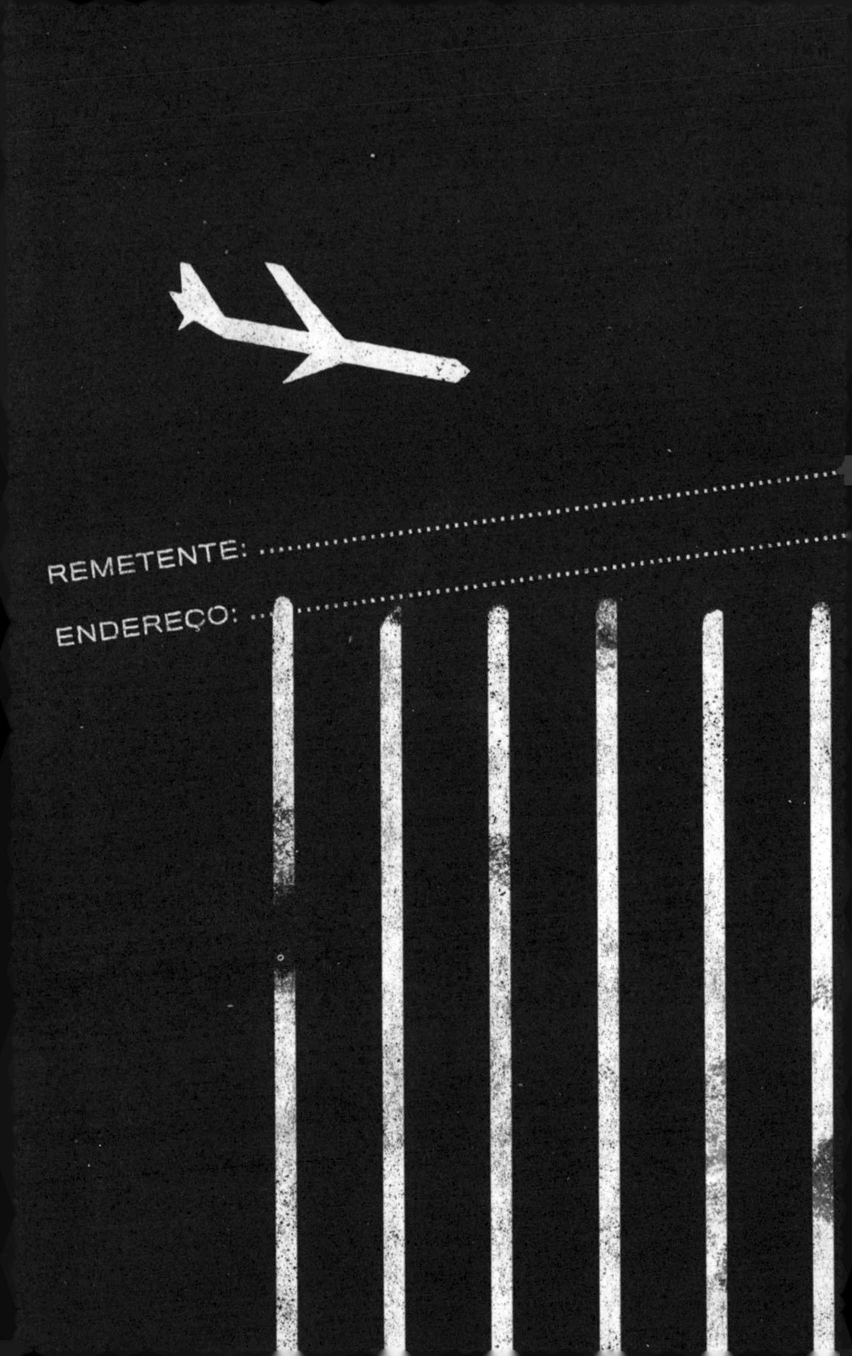
REMETENTE:
ENDEREÇO:

Cartas extraordinárias nasceu em 2009 com o lançamento do site lettersofnote.com, uma plataforma que celebra a maneira antiga de se corresponder e já foi acessada mais de 100 milhões de vezes. O primeiro volume de *Cartas extraordinárias* foi publicado originalmente em outubro de 2013, e, no Brasil, pela Companhia das Letras, em novembro de 2014, seguido naquele mesmo ano pelo primeiro Letters Live, uma apresentação em que artistas de diversas partes do mundo ofereceram ao público cartas incríveis.

Desde então, esses dois irmãos cresceram juntos, com *Cartas extraordinárias* como fenômeno internacional e Letters Live como um espetáculo performado nos locais mais icônicos do mundo, indo do Royal Albert Hall de Londres ao teatro do Ace Hotel em Los Angeles.

Para mais informações, acesse: <lettersofnote.com> e <letterslive.com>.

R
Nº

CRÉDITOS

Foram feitos todos os esforços para rastrear os detentores de direitos autorais e obter sua permissão para o uso do material protegido. O editor pede desculpas por quaisquer erros ou omissões e ficaria grato se notificado de qualquer correção que deva ser incorporada em futuras reimpressões ou edições deste livro.

Carta 01: Reproduzida com a gentil permissão de Melissa Rivers.

Carta 02: Reproduzida com a permissão de SLL/Sterling Lord Literística, Inc. Copyright © 1981 por Linda Gray Sexton e Loring Conant, Jr.

Carta 03: Reproduzida com a gentil permissão de Danny DeVito e Kirk Douglas. Com agradecimentos à CAA.

Carta 04: Reproduzida com a gentil permissão de Caitlin Moran.

Carta 05: Copyright © 1936 by White Literary, LLC. Reproduzida com a permissão da ICM Partners.

Carta 07: Reproduzida com a permissão de Claude Bernard e em memória da sua irmã Dorothy Jackson.

Carta 08: Com agradecimentos a B. D. Hyman.

Carta 09: Reproduzida com a gentil permissão de Estela May Young.

Carta 11: Reproduzida com a gentil permissão de Hannah Woodhead.

Carta 12: A Sociedade de Autores, em nome do Bernard Shaw Estate.

Carta 14: Texto introdutório reproduzido com a gentil permissão do Correio IMS/ Instituto Moreira Salles. Carta pertencente ao Arquivo Otto Lara Resende/ Acervo IMS e reproduzida com a gentil permissão da família e da Agência Riff.

Carta 15: Reproduzida por acordo com os Herdeiros do espólio de Martin Luther King Jr., c/o Writers House como o proprietário Nova York, NY/ Copyright © 1951 Dr. Martin Luther King, Jr. copyright © renovado 1979 by Coretta Scott King.

Carta 16: De *Letters Home*, de Sylvia Plath, reproduzida com a permissão da Faber & Faber Ltd.

Carta 17: Reproduzida com a permissão de Curtis Brown, Londres, em nome de The Master, Fellows e Scholars of Churchill College, Cambridge © The Master, Fellows e Estudiosos do Churchill College,

Cambridge/ Reproduzida com a permissão de Curtis Brown, Londres, em nome de The Estate of Winston S. Churchill. Copyright © Espólio de Winston S. Churchill.

Carta 18: Reproduzida com a gentil permissão de Laura Dern.

Carta 19: Reproduzida com a gentil permissão de Tina Le Blanc Sadoski/ "Resposta inédita à carta do sr. Fred Rogers", de *Dear Mister Rogers, Does It Ever Rain In Your Neighborhood? Letters to Mister Rogers* por Fred Rogers, copyright © 1996 by Family Comunicações, Inc. Usada com a permissão da Penguin Books, uma impressão do Penguin Publishing Group, uma divisão da Penguin Random House LLC. Todos os direitos reservados.

Carta 21: "Vida: 14 de julho de 2017, Brooklyn, Nova York", de *The Unwinding of the Miracle: A Memoir of Life, Death and Everything that Comes After*, de Julie Yip-Williams, copyright © 2019 by The Williams Literary Trust. Usada com a permissão da Random House, uma impressão e divisão da Penguin Random House LLC. Todos os direitos reservados/ Reproduzida com a gentil permissão de Josh Williams.

Carta 23: Reproduzida com a permissão de Jana Kansky.

Carta 24: Carta de *The Dunkirk Evacuation in 100 Objects*. Reproduzida com a gentil permissão de Frontline Books.

Carta 26: Tradução de Malika el Korso. Com os agradecimentos à Imprensa Feminista, Fatima Sadiqi e Marjorie Lightman.

Carta 27: Com a gentil permissão do dr. Alexander Matthews, agente literário do espólio de Martha Gellhorn.

Carta 28: Reproduzida com a gentil permissão de Karin Cook, autora do romance *What Girls Learn*. Esta carta apareceu originalmente em *Letters of Intent*, uma antologia de cartas aos mentores, organizada por Meg Daley e Anna Bondac.

Carta 29: Reproduzida com a gentil permissão de Patton Quinn.

Carta 30: "Letter, Much Too Late", de *Where the Bluebird Sings to the Lemonade Spring*, de Wallace Stegner, copyright © 1989 by Wallace Stegner. Primeira aparição em *Family Portraits*, de Carolyn Anthony. Usada com a permissão de Brandt & Hochman Literary Agents, Inc. Todos os direitos reservados/ "Letter, Much Too Late", de *Where the Bluebird Sings to the Lemonade Spring*, de Wallace Stegner, copyright © 1989 by Wallace Stegner. Usada com a permissão de Random House, uma

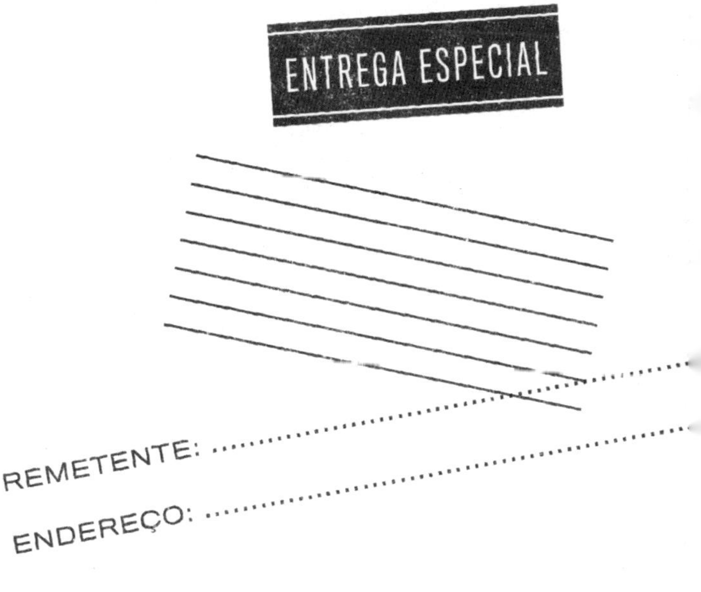
ENTREGA ESPECIAL
REMETENTE:
ENDEREÇO:

AGRADECIMENTOS

Para que a publicação de *Cartas extraordinárias* fosse possível, foi fundamental a atuação de uma equipe dedicada e incrivelmente paciente, e esta página serve como um sincero agradecimento a todos que dela participaram, começando pela minha esposa, Karina — não apenas por iniciar minha obsessão por cartas anos atrás, mas por trabalhar comigo como editora de direitos autorais, um papel vital e complexo. Também menciono especialmente minha excelente editora da Canongate Books, Hannah Knowles, que de alguma forma conseguiu manter o foco, apesar de todos os problemas que lhe apresentei.

Meus sinceros agradecimentos igualmente a todos os seguintes: o primeiro e único Jamie Byng, cuja visão e entusiasmo por esta série se mostraram inestimáveis; todos da Canongate Books, incluindo, entre outros, Rafi Romaya, Kate Gibb, Vicki Rutherford e Leila Cruickshank; minha querida família no Letters Live: Jamie, Adam Ackland, Benedict Cumberbatch, Aimie Sullivan, Amelia Richards e Nick Allott; minha agente, Caroline Michel, e todo mundo na Peters, Fraser & Dunlop; os muitos ilustradores que trabalharam nas belas capas desta série; os talentosos artistas que emprestaram suas vozes impressionantes não apenas ao Letters Live, mas também aos audiolivros de *Cartas extraordinárias*; Patti Pirooz; todo arquivista e bibliotecário do mundo; todos na Unbound; a equipe da Agência Wylie por sua assistência e compreensão; meus editores estrangeiros por seu apoio contínuo; e, crucialmente, minha família, por me aturar durante esse processo.

Por fim, e mais importante, agradeço a todos os escritores das cartas cujas palavras constam nestes livros.

A Companhia das Letras agradece ao Correio IMS*/ Instituto Moreira Salles, a Estela May Young, à família de Otto Lara Resende e à Agência Riff.*

REGISTRADA

Tipografias
Cooper BT & Titling Gothic

Diagramação
Estúdio Bogotá

Papel
Pólen Bold, Suzano S.A.

Impressão
Gráfica Santa Marta, junho de 2021

FSC
www.fsc.org
MISTO
Papel produzido a partir de fontes responsáveis
FSC® C011188

A marca FSC® é a garantia de que a madeira utilizada na fabricação do papel deste livro provém de florestas que foram gerenciadas de maneira ambientalmente correta, socialmente justa e economicamente viável, além de outras fontes de origem controlada.